JN017226

決定版

英会話
フレーズブック

多岐川 恵理

明日香出版社

はじめに

　「英会話フレーズブック」初版から15年。移り変わった時代に合わせ、数々の新トピックを加えてボリュームアップしたリニューアル版ができました！

　英語で会話していると、「これって英語でどう言うんだろう？」と思うことが、よくあるでしょう。

　そういう疑問は、大切にしてください。そんな疑問の積み重ねが、表現力を豊かにしていきます。

　この本で、「へえ、そうか」と、疑問を解決していただければ幸いです。

　そして、逆のアプローチも、してみていただきたいと思います。

　たくさんのフレーズを読み、ネイティブスピーカーの音声を聞いて、「あ、これ言ってみたい！」という言葉を見つけるのです。

　そして、頭に仕込んでおいた一言を実際に繰り出して、コミュニケーションを楽しんでください。するともう、それはあなた自身の言葉になります。

　この本には、日常の各シーンで使える約3500のフレーズが集められ、無料でダウンロードできる音声も用意されています。

　通勤、職場の人間関係、仕事、飲み会、スマホ、アプリ、配信、音楽、恋愛と結婚、離婚など、私たちの生活に即したものばかり。

　きっと、「今度これを言ってみよう」と思えるフレーズがあるはずです。

書店には既に、実にさまざまな英語フレーズ集があふれています。そんな中で、「こんなふうに表現するのか！」、「こんなことも言えるの？」という発見を、巷のどの本よりも楽しんでいただけるように、この本を作りました。

　よって、一般的な初心者向けフレーズ集とは、少々趣が異なるかもしれません。

　日本で、海外で、友達、同僚、大好きな人と自由に会話する自分を思い浮かべて。とにかくありったけの想像力を駆使して、それぞれのフレーズが使われている状況を空想、妄想しながら、読み物として楽しんでいただけたら最高です。

　とりあえず、使う機会のありそうなトピック、極めたいトピックを集中的に攻めるといった使い方も、良いでしょう。

　各場面から選りすぐった英語表現のコレクションとして、長くご愛用いただけたらとても嬉しく思います。

多岐川恵理

1　1日の流れ

2　基本会話

8　社交

9　酒

12　電話

13　道案内

21 結婚・離婚・育児

◤ 24　余暇

25　トラブル

26　病気

●音声データについて

明日香出版社のサイトにアクセスしてダウンロードしてください。パソコンやスマートフォン機器等の端末でお聞きいただけます。

https://www.asuka-g.co.jp/dl/isbn978-4-7569-2225-0/index.html

※ファイルサイズの大きな音声ファイルをインストールするため Wi-Fi の利用を前提としています。

※ダウンロードの不具合が生じた際は、キャリア・機器メーカーにお問い合わせください。

※ダウンロードした音声ファイルのアプリ以外での再生方法についてはお使いの機器メーカーにお問い合わせください。

※図書館ご利用者もお使いいただけます。本と一緒に貸出利用ください。

語学音声アプリ「ASUKALA」

明日香出版社の語学書音声の無料再生アプリが新しくなりました。一度音源をダウンロードすれば、後はいつでもどこでも聞くことができます。個人情報等の入力等は不要です。

※スマートフォンアプリは書籍に付帯するサービスではありません。予告なく終了することがございます。

1

1日の流れ

もしも、丸一日、英語で生活するとしたら？　思いつくままに、頭の中でシミュレーションしてみましょう。「これはなんて言うんだろう？」という疑問を大切に。新しい表現、おもしろい表現に出会ったら、メモをとる。知っているつもりの単語でも、辞書をひいてみる。そんな小さな習慣が、大きな力になっていきます。

01 朝の情景

- ▶ go off （時計や警報機が）鳴り出す
- ▶ reading glasses 老眼鏡
- ▶ fridge 冷蔵庫（refrigerator の略）
- ▶ go bad 腐る
- ▶ cell phone 携帯電話
- ▶ bad breath 口臭
- ▶ morning after 二日酔い

起きて。学校に遅れるわ。
Get up. You're gonna be late for school.

もう起きたよ。
I'm up now.

寝過ごしちゃった。
I've overslept.

7時に目覚ましをセットしたんだ。
I set the alarm for seven o'clock.

目覚ましが鳴ったのが聞こえなかったよ。
I couldn't hear my alarm clock going off.

もう8時？ なんで起こしてくれなかったの？
Is it eight already? Why didn't you wake me up?

よく眠れた？
Did you sleep well?

まだ半分寝てる。
I feel only half awake.

首を寝違えたな。
I woke up with a crick in my neck.

新聞を取ってきてくれないか？
Can you go and get the newspaper?

私の老眼鏡を見なかった？
Did you see my reading glasses?

朝食にはバタートースト1枚とコーヒーを1杯いただきたいね。
I would like a slice of buttered toast and a cup of coffee for breakfast.

コーヒーができてるはずよ。
Coffee should be ready.

冷蔵庫からミルクを出してちょうだい。
Get the milk from the fridge.

腐ってる。
It's gone bad.

ヨーグルトは体にいいのよ。
Yogurt is good for you.

トーストが焦げてる。
The toast is burned.

食事中は携帯を置きなさい。
Put the cell phone down while you're eating.

あなた、息が臭うわ。
You have bad breath.

二日酔いは嫌だね。
I hate the morning after.

02 外出前

- ▸ **answering machine** 留守電
- ▸ **double-check** 再確認する
- ▸ **pull out the plug** コンセントを抜く

着替えなくちゃ。
I have to get dressed.

何を着るのか決まらない。
I can't figure out what to wear.

ひげを剃る時間がない。
I don't have time to shave.

忘れ物ない？
Got everything?

私、どこか変じゃない？
Do I look OK?

犬に餌をやった？
Did you feed the dog?

お弁当を鞄に入れておくわね。
I'll put your lunch in your bag.

留守電つけたよ。
I've set the answering machine.

あなた、今日の夕飯は家で食べるの？
Will you be eating at home tonight?

帰りは遅くならないようにね。
Don't be home late.

台所のガスをもう一度見て。
Double-check the gas in the kitchen.

パソコンを消そうか？
Shall I turn off the computer?

電気つけっぱなしだよ。
You left the light on.

電気ストーブはコンセントを抜いたほうがいいな。
I'd better pull out the plug for the electric heater.

電気を節約するいい方法なんだ。
It's a good way to save electricity.

鍵はすべて閉めたかしら？
Did I lock up everything?

ホームセキュリティシステムがセットしてあるか見て。
See if the home security system is on.

もう行くよ。電車に遅れたら嫌だから。
I'm going now. I don't want to miss my train.

03 通勤／通学電車

- ▸ **commuter pass**　定期券
- ▸ **jam-packed**　すし詰めの
- ▸ **get away with...**　〜をうまく逃れる、やり過ごす
- ▸ **priority seat**　優先席
- ▸ **train groper**　痴漢
- ▸ **flasher**　露出狂
- ▸ **jolt**　衝撃、ショック

走れば間に合うかも。
Maybe I can make it, if I run.

定期券を更新しなきゃ。
I have to renew my commuter pass.

君はどうやって通勤してるの？
How do you commute?

僕はJRを使ってる。
I use the JR line.

地下鉄
subway

ホームを間違えてる。
I'm on the wrong platform.

憂鬱な月曜日だ。
It's a gloomy Monday.

満員電車に乗るのは大嫌い。
I hate to travel in a jam-packed train.

いつも好きな音楽を聞いてやり過ごすの。
I always listen to my favorite music and get away with it.

ラッシュアワーは混雑してる。
It's crowded during rush hour.

あの人たちを見てよ。まったく生気がない。
Look at them. They look so lifeless.

誰かの強い香水で気持ち悪くなった。
Someone's strong perfume made me sick.

優先席は健康な若者が占拠してる。
The priority seats are occupied by healthy young people.

妊婦さんに席を譲ったよ。
I gave my seat to a pregnant woman.

押さないで。息ができない。
Don't push me. I can't breathe.

誰かの足を踏んじゃった。
I've stepped on someone's foot.

乗り過ごした！
I've missed my stop!

降ります。通してください。
I'm getting off. Please let me through.

おばあさんに道をあけてあげて。
Make way for the elderly woman.

私に触っていますよ。
You're touching me.

やめないと叫びます。
Stop or I'll scream.

電車内で痴漢をつかまえた。
I caught a train groper on the train.

露出狂に遭遇したわ。
I ran into a flasher.

女の子はお化粧に夢中。
A girl is absorbed in putting on makeup.

電車が大きく揺れるか、急停車すればいいのに。
I hope the train will swing wildly or stop with a jolt.

女の人に険しい目でにらまれた。
A woman shot me a stern look.

これは女性専用車両です。
This car is for women only.

04 オフィスの朝

▸ punch one's time card 　〜のタイムカードを押す
▸ morning meeting 　朝礼

おはよう。週末はどうだった？
Good morning. How was your weekend?

あいつ、今朝はやたらご機嫌だな。
He is a happy guy this morning.

僕のタイムカード押してくれる？
Can you punch my time card for me?

8時50分に朝礼があります。
We have a morning meeting at ten to nine.

9時のお客様が既に来ていますよ。
Your nine o'clock is already here.

また遅刻よ。
You're late again.

事故のせいで電車がひどく遅れてね。

The train was terribly delayed because of an accident.

これ、あなたのコーヒー。ここへ置いておくわね。

I got you a coffee. I'll put it right here.

いつも朝一番でメールをチェックする。

I usually check my email first thing in the morning.

昨日の夜あなたが帰ってから、コーンウェル氏から電話がありました。

Mr. Cornwell called you after you'd left last night.

僕に何か郵便物が来てたかな？

Did I get any mail?

この書類を私の机に置いたのは誰？

Who left this paper on my desk?

3時の ABC 商事との打ち合わせ、先方の事務所でやるんだけど一緒に来られる？

Can you come with me to the meeting with ABC Trading in their office at three?

05 教室の朝

- ▸ awful　ひどい
- ▸ video game　テレビゲーム
- ▸ reality TV show　リアリティ番組、一般人の私生活を撮影した番組
- ▸ cram school　塾
- ▸ hot　熱い、人気がある
- ▸ bully　いじめる
- ▸ social withdrawal　社会的離脱、引きこもり

今朝は髪が決まらなくてイヤ。
I don't like my hair this morning.

起きてるか？　なんて顔してるんだよ。
Are you awake? You look awful.

ゲームしてて夜更かししちゃった。
I was up till late last night playing a video game.

宿題やってきた？
Have you done the homework?

歴史の教科書、忘れちゃった。
I've forgotten the history textbook.

これ、借りてた漫画本。
Here's the comic book I borrowed.

昨日の夜、あのリアリティ番組観た？
Did you watch that reality TV show last night?

塾に行ってた。
I was at cram school.

観なかったなんて信じられない。
I can't believe you missed it.

今すごい人気なんでしょ。
I heard that's very hot now.

先生が来るよ。
The teacher is coming.

皆さん、おはようございます。
Good morning, class.

出席をとります。
Time to take attendance.

今朝、彼が来ていない理由を知っている人は？
Does anyone know why he isn't in this morning?

あの子、学校でいじめられてる。
He's been bullied at school.

やり返せ。
Fight back.

引きこもりってやつだ。
It's what's called social withdrawal.

放課後、彼の家を訪ねてみよう。
I'll call on him after school.

科学が休講だって！
The science class's been cancelled!

自習だ。
We will work by ourselves.

06 家事

- ▸ **do the laundry/washing** 洗濯をする
- ▸ **incombustible** 不燃性の、難燃性の
- ▸ **oversize trash** 粗大ゴミ
- ▸ **vacuum(-clean)** 掃除機をかける

今日は洗濯日和ね。
It's a good day to do the laundry.

洗濯かごには汚れ物がいっぱい。
The laundry basket is full of dirty clothes.

白い物と色柄物を分けて。
Divide the whites from the colors.

乾燥機は洋服がよく縮むのよね。
The dryer often shrinks clothes.

干して乾かしましょう。
Let's hang them up to dry.

洋服をたたんで片づけるのを手伝って。
Help me fold the clothes and put them away.

アイロンがけは大の苦手。
I'm <u>terrible</u> at ironing.

得意
good

今日はゴミの日？
Is it a garbage day today?

可燃物と不燃物は分別しなきゃだめ。
You have to separate burnable and incombustible trash.

それはリサイクル可能。
That's recyclable.

行く途中にゴミを出して行って。
Take the trash out on your way.

粗大ゴミを捨てないと。
We have to get rid of the oversized trash.

トイレの電球を換えてくれる？
Can you change the light bulb in the bathroom?

なんて散らかりよう！
What a mess!

ちゃんと片づけなさい。
Put all the things in order.

じゅうたんに掃除機をかけて。
Vacuum the carpet.

窓掃除は大嫌い。
I hate to wash windows.

ようやく私の部屋がきれいになった。
I finally got my room cleaned.

床を掃くわ。
I'll sweep the floor.

拭く　wipe　　玄関　entrance

さあ、これで庭仕事ができる。
Now I can do some work in the garden.

子供たちに雑草を抜かせるわ。
I'll have the kids pull those weeds.

木に水をやったほうがいいな。
I should water the trees.

庭に私たちの好きな花を植えるの。
We'll plant out favorite flowers in the garden.

07 ランチタイム

- **skip lunch/breakfast/dinner**　昼食／朝食／夕食を抜く
- **box lunch**　弁当
- **slow**　ぐずぐずしている、頭が悪い
- **cigarette machine**　たばこの自動販売機
- **run**　（ストッキングなどの）伝線

もうすぐランチタイムよ。
It's almost lunch time.

お昼は何にする？
What do you want for lunch?

ランチを持ってきたの。
I brought my lunch.

ランチに出る時間ある？
Do you have time to go out for lunch?

お昼は抜かなきゃならないと思う。
I think I have to skip lunch.

食堂で済ませるよ。
I'll just go down to the caf.

カフェテリア、食堂
caf = cafeteria

お弁当を買いに行くけど、何か買ってこようか？
I'll go buy a box lunch. Shall I get you anything?

僕も行くよ。上着を取ってくる。
I'll go with you. Let me get my jacket.

これだけやらせて。
Let me just finish this.

待ってよ！
Wait for me!

先に行ってて。
Please go ahead of me.

後から行くよ。
I'll catch up with you.

あの新しいイタリアンの店に行ってみたいんだけど。
I want to try the new Italian restaurant.

いいランチメニューがあるんだよね。
They have a nice lunch menu.

ピザかパスタか選べて、サラダとドリンクとデザートがついてくるの。
You can choose either pizza or pasta, and it comes with the salad, drink, and dessert.

あそこはすごく気に入るよ。
You'll love the place.

僕はひどいと思ったな。
I thought it was awful.

給仕する人が皆とろいんだ。
The servers are so slow.

ニンニクはだめ。午後にミーティングがあるんだ。
I can't eat garlic. I have a meeting in the afternoon.

来る途中、タバコの自動販売機あった？
Did you see a cigarette machine on the way?

僕、電子タバコに替えたんだ。
I've switched to e-cigarettes.

ストッキングが伝線しちゃった。
I got a run in my nylons.

先に帰ってて。コンビニに寄るから。
Go back without me. I'll stop by at the convenience store.

寝ないように、濃いコーヒーが必要だな。
I need strong coffee to stay awake.

08 オフィスの午後1 会議準備

- ▸ **make a presentation** プレゼンテーションをする
- ▸ **stressed out** ストレスでまいっている
- ▸ **quarter** 四半期
- ▸ **A4-sized** A4サイズの
- ▸ **put ... face-down** ～の表を下にして置く
- ▸ **get jammed** 詰まる
- ▸ **hard copy** データを印刷したもの

セールスのプレゼンテーションをするんだ。
I'll make a sales presentation.

売上につながるプレゼンが必要だ。
I need a presentation that makes sales.

考えるだけでも、すごいストレスだよ。
I'm stressed out just thinking about it.

前四半期の売上データはどこにある？
**Where can I find the sales data for the last
quarter?**

ファイルは支店ごとに分類されているわ。
Files are sorted by branch.

手伝ってもらえる？
Can you give me a hand?

これらの書類のコピーを取ってください。
I'd like you to make copies of these documents.

A4で5枚コピーしなくちゃ。
I've got to make five A4-sized copies.

書類の表を下にして、ガラス面に置いて。
Put the document face-down on the glass.

A4のトレイに紙があるかチェックして。
Check if there is paper in the A4 paper tray.

コピー機の紙がなくなりそうですよ。
The copy machine is running out of paper.

紙がないですよ。ストックはどこにありますか？
The paper is out. Where do you keep the stock?

紙詰まりです。
The paper got jammed.

こんなことしてる時間はないのに。
I don't have time for this.

ホッチキスで留めますか？
Do you want them stapled?

彼ら、本当に紙で必要なの？
Do they really need hard copies?

未だに書類が欲しいって人、いるよね。
Some people still want their documents in hard copy.

費用がかさむし、時代遅れになってきてる。
It's costly and getting outdated.

彼らにデータをメールしておくべきだったな。
I should have emailed the data to them.

もうすぐ準備完了。
I'm almost ready.

今日、会議室を使いますか？
Are you using the meeting room today?

会議室は10時から正午までロイが取っています。
The conference room is taken by Roy from ten to noon.

会議の前に議題を見直しておこう。
Let's go over the agenda before the meeting.

09 オフィスの午後2 会議

Track 09

▶ **rep** 代表（representative の略）
▶ **major restructuring** 大々的なリストラ
▶ **handle** （問題に）対処する、処理する
▶ **turn to ...** ～に問い合わせる、～の助力を仰ぐ、救いを求める

役員会議が2時に開かれます。
The board meeting will be held at two o'clock.

私が会議進行役を務めます。
I'll chair the meeting.

どこから始めましょうか。
Where do we begin?

我々はどうすべきだと思う？
What do you think we should do?

これについて言うことがある人は？
Does anyone have anything to say about this?

どう思う？
What do you make of it?

どう思う？
What do you think?

売上が下がっている。
Sales are going down.

納品が遅れている。
There has been a delay in the delivery.

期日に間に合わない可能性がある。
There is a chance we can't meet the deadline.

新製品への苦情がコールセンターに殺到している。
The call center is flooded with complaints about the new product.

我々の流通システムには問題がある。
There is a problem with our distribution system.

販売員の数が足りない。
We don't have enough sales reps.

会社は大々的なリストラを計画している。
The company plans a major restructuring.

何らかの理由でオンライン注文システムがダウンしている。
The online order system is down for some reason.

女性従業員がセクハラされたと訴えている。
A female employee claims she has been sexually harassed.

おっしゃることは理解しました。
You've made your point.

私が処理します。
I'll handle it.

その件については、すでにデイブ・ホームズが手を打っています。
That is already taken care of by Dave Holmes.

専門家に相談しなくてはなりません。
We need to turn to the experts.

木曜日までに該当するデータを集めます。
I'll collect the relevant data by Thursday.

さらに突っ込んだ話がしたいのですが。
I'd like to discuss it further.

決定を急ぐべきではない。
We shouldn't rush the decision.

すばやい決定が必要です。
We need to make a quick decision.

明日の朝、もう一度ミーティングをします。
We'll have a meeting again next morning.

10 オフィスの午後 3 オンライン会議

Track 10

▸ **on mute** 消音設定で
▸ **line** 回線
▸ **just now** つい先ほど

今そちらは朝早いんですよね。
It's early in the morning over there, isn't it?

日本から、我々は安倍、伊藤、森です。
From Japan, we are Mr. Abe, Ms. Ito, and Mr. Mori.

今日の議題がスクリーンに表示されています。
Today's agenda is shown on the screen.

そちらがミュートになっているのでは？
You're on mute, aren't you?

ちょっと今日は私のカメラをオフにさせてください。
Let me just have my camera off today.

画面共有したいです。
I'd like to share my screen.

お待ちいただいてすみません。
I apologize for the wait.

すみません。今の発言はどなたでしたか？
Sorry? Who was that just now?

少しの間だけ、こちらのマイクを切らせてください。mic=microphone
Please let us turn off our mic for a moment.

画面共有されなくなってしまいました。
The screen is not shared any more.

スライドの右端が切れています。
I can't see the right edge of your slide.

通信状態が今ひとつです。
The line isn't very good.

あなたの映像が固まってしまいました。
Your image has frozen.

いったん切って、やり直しましょう。
Let's hang up and try again.

すみません、外で大きな音がしています。
Sorry, there's a lot of noise outside.

すみませんが、この電話をとらないといけません。
I'm sorry, but I have to take this call.

ちょっと行って資料を取ってきます。
I'll just go and get the documents.

戻りました。
I'm back.

すみませんが、緊急の事柄があって今すぐ退席しなければなりません。
I'm sorry, but I have something urgent and have to leave the meeting now.

今日は皆さんの時間と忍耐をありがとうございました。
Thank you for your time and patience today.

近い将来、皆さんに直接お会いできることを願っています。
I hope I can see you all in person in the near future.

★オンラインでも "Nice to meet you."

　かつてオンラインでの「はじめまして」に "Nice to e-meet you." や "Nice to virtually meet you." 等の表現をするネイティブもいましたが、ここまでオンラインが普及すると少し古さを感じるのも事実。特にオンラインを強調しなくても大丈夫です。
ただし、メールでは使わない表現です。

11 教室の午後1 退屈な授業

- **tedious** （仕事などが）つまらない、退屈な
- **call on ...** 〜に発言を求める、あてる
- **P.E.** 体育（**physical education** の略）
- **teachers' room** 職員室

静かに！
Come to order!

（前の授業で）どこまで行きましたか？
Where were we?

65ページを開いて。
Turn to page 65.

今学期の授業はつまらない。
My classes this semester are tedious.

先生の言うことが、さっぱり分からない。
I don't understand any of what the teacher says.

ランチの後はいつも眠くなっちゃう。
I always get sleepy after lunch.

ぼんやりしている。
My mind is drifting.

勉強に集中できない。
I can't concentrate on my studies.

僕をあてないで。
Please don't call on me.

僕は目をそらした。
I averted my eyes.

好きな科目は体育。
My favorite subject is P.E.

席順はいつも大事な問題だ。
The seating chart is always a big deal.

好きな女の子の隣に座りたい。
I want to sit next to the girl I like.

君は自分が何をしているか分かっているかね？
What do you think you're doing?

これは教室に持って来てはいけません。
You shouldn't bring this to class.

授業の後で、職員室に来るように。
Come to the teachers' room after class.

★教科のいろいろ

国語 Japanese　古文 classical literature　英語 English
英文法 English grammar　数学 mathematics　科学 science
化学 chemistry　物理 physics　生物 biology　歴史 world history
倫理 ethics　家庭科 home economics　美術 art　体育 P.E.

12　教室の午後2　試験

- **final/mid-term/entrance exam**　期末／中間／入学試験
- **multiple choice test**　選択問題
- **good mark/grade**　いい点数／成績
- **pass/fail the exam**　試験に受かる／落ちる

来週、英語の期末試験がある。
We'll have the <u>final exam</u> in English next week.

中間試験
mid-term exam

試験は100個の選択問題なんだ。
It is a multiple choice test with 100 questions.

数学のテストの勉強した？
Did you study for the math exam?

徹夜で勉強したよ。
I stayed up all night studying.

いい点を取りたい。
I want to get a good <u>mark</u>.

成績
grade

英語の先生、成績の付け方が厳しいんだ。
The English teacher is a <u>hard</u>-marker.

甘い
easy

試験はどうだった？
How did your exam go?

自分ではどんな出来だと思う？
How do you think you did?

思ったより難しかった。
It was harder than I thought.

よくできたと思う。
I think I did well.

試験に合格したよ。
I've passed the exam.

赤点だ。
I failed the exam.

13 帰宅

Track 13

- ‣ **curfew** 門限、消灯時間、夜間外出禁止令
- ‣ **snack** おやつ
- ‣ **die for** 〜したくてたまらない

ただいまー。
I'm home!

今日はどうだった？
How was your day?

早かったね。
You're home early.

まっすぐ家に帰って来たよ。
I came straight home.

今何時だか分かってる？
Do you know what time it is now?

門限までに帰って来なくちゃ駄目よ。
You have to come home by curfew.

1週間、外出禁止よ。
You're grounded for a week.

宿題は出た？
Do you have any homework?

夕食の前に宿題を終わらせなさい。
Finish your homework before dinner.

犬を散歩に連れてってちょうだい。
Take the dog out for a walk.

おやつ食べていい？
Can I have a snack?

おなかペコペコ。
I'm starving.

晩ごはん、何？
What's for dinner?

晩ごはん、何時？
What time is dinner?

ゲームをするのは、1日1時間だけね。
You can play video games only for an hour a day.

もうへとへと。
I'm exhausted.

ああ、お風呂に入りたい。
I'm dying for a hot bath.

お風呂にお湯を張ろう。
I'll run a bath.

さっとシャワーを浴びるね。
I'm going to take a quick shower.

化粧を落とすわ。
I'll take off my makeup.

楽な格好に着替えたい。
I want to change into something comfortable.

14　調理

- ▸ **cut/chop/dice/slice**　切る／刻む／角切りにする／薄切りにする
- ▸ **simmer/boil**　コトコト煮る／グツグツ煮る・ゆでる
- ▸ **deep-fry/stir-fry**　油で揚げる／炒める
- ▸ **veggies**　野菜（vegetables）
- ▸ **grill/broil**　直火で焼く、網焼きにする
- ▸ **preheat**　予熱する
- ▸ **feature**　機能

夕食の支度を始める時間ね。
It's time to get ready for dinner.

こっちへ来て、野菜を切るのを手伝って。
Come and help me cut the vegetables.

この包丁、切れないよ。
This kitchen knife doesn't cut.

研がなくちゃ。
It needs to be sharpened.

玉葱の皮をむいて、刻んで。
Peel and chop the onions.

サラダ用に、トマトをさいの目切りに。
Dice the tomatoes for the salad.

サラダをワインビネガーと塩胡椒であえて。
Dress the salad with wine vinegar, salt, and pepper.

中火で調理して。
Cook it on <u>medium</u> heat.

弱火／強火
low / high

コトコト煮て。グツグツしないように。
Simmer it. Don't boil.

ポテトをカラッと揚げて。
Deep-fry the potatoes until crisp.

まな板の上の野菜を強火で炒めて。
Stir-fry those veggies on the cutting board.

ステーキを焼くぞ。
I'll grill steaks.

肉を塩胡椒で味つけしよう。
Season the meat with salt and pepper.

肉を漬けだれに浸して。
Soak the meat in the marinade.

予熱したオーブンに入れて。
Put it in the preheated oven.

魚を焼いてるの？
Are you broiling fish?

家中に煙が充満してる。
The house is filled with smoke.

火災報知器が鳴っちゃうよ。
The smoke alarm will go off.

調理中にコンロを離れないで。
Never leave food cooking on the stove.

マルチクッカー買ったほうがいいかも。圧力調理できるやつ。
Maybe we should buy a multi-cooker, the one with pressure cook mode.

調理法も時間も知らなくていいの。
You don't need to figure out how to cook or how long.

「おまかせ調理」ボタンを押せば、あとは機械がやってくれる。
Press the "auto sensor cook" button, and the feature does that for you.

味見していい？
Can I taste it?

もっと塩を入れるべき？
Should I add more salt?

食卓の用意をしてちょうだい。
Set the table, please.

晩ごはん、できたよ！
Dinner is ready!

15　夕食

- ▸ serve　（食べ物を）よそう
- ▸ helping　一盛り、一杯
- ▸ cook　料理をする人
- ▸ leftover　残り物
- ▸ pot/pan　深鍋／鍋・フライパン・片手鍋

僕がご飯をよそうよ。
I'll serve the rice.

アツアツで湯気が出てる。
It's steaming hot.

熱いうちに食べて。
Please eat while it's hot.

すごくおいしそう。
It looks really good.

大盛りにしてね。
Give me a big portion.

大きいの
big piece

マッシュポテトを、もう一盛りちょうだい。
Give me another helping of the mashed potatoes.

肉汁が滴って柔らかい。
The meat is very juicy and tender.

パサついて／硬い
dry / tough

よく火が通ってないよ。
It isn't cooked well enough.

すごくおいしい。
This is so good.

すばらしく美味。
It's delicious.

すごく料理上手ね。
You're a great cook.

ただレシピ通りにしただけ。
I just followed the recipe.

昨日の残り物だよ。
It's leftover from yesterday.

お塩を取ってください。
Would you pass me the salt?

お鍋にまだシチューがあるわよ。
There is more stew left in the pot.

あ、ソースこぼした。
Oops, I spilled the sauce.

ティッシュ取ってくれる？
Can you get me some tissues?

もう少しパンをもらっていい？
Can I have some more bread?

チキンをもう少しいかが？
Would you like some more chicken?

いいえ、ありがとう。もうじゅうぶん食べたわ。
No, thank you. I've had enough.

それ、食べちゃって。
Finish it.

すごくお腹いっぱい。
I'm so full.

16 就寝

- ▶ **bedtime story** 子供を寝かしつけるときに聞かせる話
- ▶ **toss around in bed** 寝相が悪い
- ▶ **sleepwalker** 夢遊病者
- ▶ **light/deep sleeper** 眠りが浅い（深い）人

もう寝るよ。
I'm going to bed.

寝る前に歯を磨いて。
Brush your teeth before going to bed.

おいで。ママが寝かしつけてあげる。
Come on. Mommy will tuck you in.

子供たちは、寝る前にお話を聞かせてあげると大喜び。
The kids love it when I read them bedtime stories.

子供たちはもう寝てるわ。
The kids are already in bed.

僕らはベッドに飛び込んだ。
We jumped into bed.

夫に腕枕をしてもらったの。
I pillowed my head on my husband's arm.

妻はよく寝言を言う。
My wife often talks in her sleep.

寝相が悪い。
She tosses around in bed.

夫のいびきはすごくうるさいの。
My husband snores so loudly.

たまに耳栓をして寝る。
I sometimes sleep with ear-plugs.

あっという間に寝ちゃった。
I instantly fell asleep.

私って、夢遊病？
Am I a sleepwalker?

起こしちゃった？
Did I wake you up?

いつも眠りが浅くてね。
I'm a light sleeper.

睡眠薬を1錠飲んだ。
I took a sleeping pill.

眠れなくて、何時間も寝返りをうってたよ。
I tossed and turned for hours.

悪い夢を見たわ。
I had a nightmare.

今夜はもっとよく眠れるといいね。
I hope you'll sleep better tonight.

枕がふかふか。
The pillow is very fluffy.

ぐっすり眠ってね。
Sleep tight.

おやすみ。
Good night, darling.

★"I'm home!" は帰宅宣言

"I'm home!"（ただいま！）

玄関のドアを開けて、元気よく。基本の挨拶ですが、英語と日本語では、使い方に違いがあります。

アメリカに留学したばかりの頃、数日お世話になったお宅で、出迎えてくれたお母さんに、「ただいま」のつもりで "I'm home." と言った私。"So you are."（ええ、確かに）と微笑まれました。

実は "I'm home." は、「帰ったよ。家にいるよ」と、中にいる人に知らせる意味で使われるもの。目の前にいる人に対して、ことさら帰宅をアピールする必要はなかったのです。

では、家族と顔を合わせたとき、「ただいま」のかわりに何と言えばいいのでしょうか。

よく使われるのは、"Hi." です。「おかえりなさい」も "Hi."。

家族に "Hi." と言うのに、初めのうちは違和感があるかもしれません。でも、すぐに慣れてしまうはずです。

2

基本会話

タイミングよくバラエティ豊かな相づちが打てれば、会話は
ぐっと弾むもの。たった一言の肯定と否定でも、その度合いに
よって言い方はさまざまです。お願い、謝罪、お礼などは、日
常生活に不可欠な表現。使いこなせれば、気持ちを伝えやすく
なります。お祝い、ほめ言葉や励ましの言葉などは、感情をこ
めて。大げさなくらいに表現するのが、英語ではちょうどいい
のです。

01 肯定・同意

- ▶ **possively** 場合により、ひょっとしたら
- ▶ **absolutely** 絶対に
- ▶ **insist** 主張する、断言する
- ▶ **probably** おそらく、十中八九は

分かった。
All right.

もちろん。
Sure.

* Certainly. より口語的、カジュアル。

もちろん。
Certainly.

たぶん。
Maybe.

そうかもしれない。
Possibly.

まさに。
Exactly.

賛成だ。
I <u>agree</u>.

反対だ
disagree

まさにその通り。
Absolutely right.

いいよ。
Why not?

分かるよ。
I understand.

よし。
Great!

いいね。
Sounds good.

そうだと思う。
I guess so.

そうだろうね。
I suppose so.

あなたがそこまで言うのなら。
If you insist.

僕はそれでいいよ。
That's all right with me.

それは良かったですね。
I'm glad to hear that.

それはお気の毒に。
I'm sorry to hear that.

あなたが正しいのかも。
You could be right.

たぶんそれが正しいんだろう。
That's probably right.

あなた次第よ。
It's up to you.

02 否定・反対

Track 18 🎧

- ▸ agree with ... （人・事柄）に賛成する
- ▸ agree on ... （事柄）に賛成する
- ▸ sorry　後悔して

そうは思わない。
I don't think so.

とんでもない。
No way.

とんでもない。
Absolutely not.

もちろん違う。
Of course not.

疑わしい。
I doubt it.

そうでもない。
Not really.

それはどうかな。
Don't be so sure.

いい考えではないと思う。
I don't think that's a good idea.

そんなの許されないわ。
You can't do that.

私だったら、やらない。
I wouldn't do that.

そうはさせない。
I won't let you do that.

やめたほうがいいよ。
You don't want to do that.

＊事情を把握していない相手に、
　理解していれば望まないはずだ
　と諭す表現。

その点では、あなたに同意しない。
I don't agree with you on that point.

あなた、本当にそう望んでいるの？
Is that what you really want?

それで後悔しない？
Are you sure you won't be sorry?

03 分からない

▸ **mean** 〜を意味する、意図する
▸ **slight** かすかな

今なんて？
What's that?

何ですって？
Excuse me?

何ですって？
I'm sorry?

今なんて言ったの？
What did you just say?

もう一度、言ってもらえる？
Can you say that again, please?

そこが分からない。
You've lost me there.

私の言いたいこと、分かる？
Do you know what I mean?

本当に知りません（分かりません）。
I really don't know.

僕はそこまで確信できない。
I'm not so sure about that.

まったく分かりません。
I have no idea.

これっぽっちも分からない。
I don't even have a slightest idea.

知っていたらいいのですが。
I wish I knew.

どうしていいか分からない。
I don't know what to do.

なんと言ったらいいのだろう。
What should I say?

どう言えばいいのかな。
How should I put it?

僕は何も言えなかった。
I was just speechless.

あなたはどう思う？
What do you think?

04 秘密

- ▸ whispering chat　内緒話、ひそひそ話
- ▸ be not supposed to ...　本来は〜すべきでない、〜してはいけないことになっている

何を企んでるの？
What are you up to?

お母さんには内緒だぞ。いいね？
Keep it from Mom.　OK?

ボブに話してもいい？
Can I tell Bob about this?

彼女とヒソヒソ話をした。
I had a whispering chat with her.

これ、本当は人に言っちゃいけないんだけど。
I'm not supposed to be telling this to anyone.

いいじゃないの。私にならいいでしょ。
Come on.　You can tell me.

だめ。秘密は秘密よ。
No.　Secret is secret.

黙っててくれる？
Can you keep it to yourself?

誰にも言わないよ。
I won't tell anyone.

誰に聞いたの？
Who told you that?

顔に書いてあるよ。
It's written all over your face.

ここだけの話ね。
It's just between us.

僕らが今日話したことは、ここだけの話だ。
What we talked about here today won't leave this room.

私に隠し事はしないで。
Don't keep secrets from me.

隠すことは何もないよ。
I have nothing to hide.

05 頼む

▸ **favor** お願い
▸ **suggestion** 提案

お願いしてもいいですか。
May I ask you a favor?

大きなお願いがあるんだけど。
I have a big favor to ask.

手伝っていただけますか。
Will you help me?

乗せてってくれる？
Can you give me a ride?

これをちょっと手伝ってください。
Could you help me with this?

提案してもいいですか。
May I make some suggestion?

お手洗いを借りていいですか。
May I use the bathroom?

ご一緒していいですか。
Can I join you?

この席、誰かいますか？
Is this seat taken?

タバコを吸ってもいいですか？
Would you mind if I smoke?

私のために、どうかやっていただけませんか？
Would you do this for me, please?

車を貸してほしいのです。
I'd like to borrow your car.

一緒にその店に行ってもらうことはできますか。
Will you be able to go to the store with me?

私に説明してもらえませんか。
Could you explain it to me?

ごめんなさい。そうできたらいいのだけど。
I'm sorry. I wish I could.

僕にはできないと思います。
I'm afraid I can't.

そうしないでいただけたらと思います。
I'd prefer if you didn't.

いいですよ。
No problem.

どうぞ。
Go ahead.

喜んで。
It's my pleasure.

★依頼表現のいろいろ
May I ...? していいですか？（許可を願う）
Can you ...? できますか？（可能かどうかを問い、頼む）
Could you ...?（**Can you...?** よりも丁寧）
Will/Would you ...?（丁寧な依頼）
I'd like to ... ～したいです（自らの希望を述べる）

ちょっと待ってて。
Give me a second.

すぐ戻ります。
I'll be right back.

すぐ参ります。
I'll be with you in a moment.

あとで返事していい？
Can I get back to you later?

06 謝る

- ▸ **terribly**　ひどく、おそろしく
- ▸ **uncomfortable**　居心地の悪い、不快な
- ▸ **feel bad**　後悔する、後味が悪い、不愉快に思う
- ▸ **regretful**　後悔している、悲しんでいる

本当にごめんなさい。
I'm so sorry.

ひどく申し訳なく思っています。
I'm terribly sorry.

遅れて本当にごめんなさい。
I'm really sorry for being late.

ごめんね。
Sorry about that.

そんなつもりじゃなかった。
I didn't mean it.

傷つけるつもりはなかったんだ。
I didn't mean to hurt your feelings.

嫌な思いをさせたのならすみませんでした。
I'm sorry if I made you feel uncomfortable.

面倒をかけてすみませんでした。
I'm sorry to have troubled you.

あんなこと、すべきじゃなかった。
I shouldn't have <u>done</u> that.

言う
said

謝罪します。
I apologize.

すごく後悔してる。
I feel really bad.

とても後悔している。
I feel very regretful.

あんな大きな間違いをして、ひどく後悔している。
I deeply regret that I made such a big mistake.

自分が何をしているか、分かってなかったんだ。
I didn't know what I was doing.

私の不注意でした。
I was careless.

大丈夫だよ。
That's all right.

問題ないよ。
No problem.

いいよ。
That's OK.

私は大丈夫。本当に。
I'm OK. Really.

心配しないで。
Don't worry about it.

気にしないよ。
I don't mind.

自分を責めないで。
Don't blame yourself.

あなたのせいじゃない。
It's not your fault.

間違いは誰にでもあるさ。
Everybody makes a mistake.

★聞くときは聞く、話すときは話す

　日本人は、「うん、うん」と言いながら相手の話を聞きます。聞いてるよ、という合図です。

　それに比べて、アメリカ人が相手の話に "**Yeah.**" や "**Uh-huh.**" と言う回数は、意外と少ないものです。(オーストラリア人は、日本人並みかそれ以上に多い気がします)

　電話の場合、日本人は「うん」が増えますが、アメリカ人はそうでもなく、「あれ、聞いてるかな?」と不安になることがあるほどです。

　聞くときは、じっと聞く。相手が黙ったら、しっかり意見を言う。日本人が照れてしまいそうな力強い励ましや褒め言葉を、堂々と繰り出す。

　そんなスタイルの違いを身につけることも、英語らしいメリハリのある会話に近づく一歩といえます。

07 感謝する

- ▸ **appreciate** 感謝する、高く評価する
- ▸ **grateful** 感謝している、ありがたく思う
- ▸ **thoughtfulness** 心遣い、思慮深さ
- ▸ **giver** 気前よく与える／してあげる人
- ▸ **pleasure** 喜び

それはすばらしい。ありがとう。
That's great. Thank you.

本当にありがとう。
Thank you so much.

ほんとにありがとう。
Thanks a lot.

いろいろとありがとう。
Thank you for everything.

ご協力ありがとうございます。
Thank you for your cooperation.

誕生日プレゼントをありがとう。
Thank you for the birthday present.

大変感謝しています。
I appreciate it very much.

親切な申し出に感謝します。
I appreciate your kind offer.

お時間をいただいて感謝します。
I appreciate your time.

お礼の言いようがありません。
I can never thank you enough.

あなたのような友人がいて幸せです。
I'm grateful to have a friend like you.

あなたの心遣いにはとても感謝しています。
Your thoughtfulness is very much appreciated.

あなたって、惜しみなく与える人ね。
You are such a giver.

どういたしまして。
You're welcome.

いつでもどうぞ。
Any time.

気に入ってもらえて嬉しいわ。
I'm glad you liked it.

こちらこそ嬉しいです。
It's my pleasure.

こちらこそ。
The pleasure is mine.

何でもありません。
It's nothing.

お役に立てて嬉しいです。
I'm glad to be of help.

そんなこと言わなくていいよ。
Don't mention it.

＊相手が謝ったときにも使える表現。

ともかくありがとう。
Thanks anyway.

＊頼んだことが思い通りに運ばなかったときに使う感謝の言葉。

ともかくありがとう。
Thank you just the same.

08 祝う

> ▸ **accomplishment** 達成、成果
> ▸ **deserve** （良いこと、悪いこと）に値する、受けるに足る
> ▸ **resolution** 決意、決断、抱負

おめでとう！
Congratulations!

婚約おめでとう。
Congratulations on your engagement.

赤ちゃん誕生／昇進／卒業／結婚／誕生日
new baby / promotion / graduation / wedding / birthday

卒業おめでとう。
I wish you the best for your graduation.

素敵な知らせを聞いたわよ。
We've heard the good news.

やったね。
You did it!

よくやった。
Good job.

よくやったよ。
You did great.

すばらしい成果だ。
What an accomplishment!

あなたを誇りに思うわ。
I'm proud of you.

あなたのご両親も鼻が高いでしょう。
Your parents must be proud of you.

努力がすべて報われたね。
All your hard work was rewarded.

僕も嬉しいよ。
I'm happy for you.

あなたはそれに見合う人だもの。
You deserve it.

今日は君の誕生日！
It's your birthday!

遅ればせながら、誕生日おめでとう。
Happy belated birthday!

いいことがたくさんありますように。（誕生日によせて）
I wish you many happy returns.

メリークリスマス。
Merry Christmas!

あけましておめでとう。
（良いお年を。）
Happy New Year!

バレンタインデー／感謝祭／復活祭
Valentine's Day / Thanksgiving / Easter

あなたもね。
Same to you.

今年の抱負は？
What is your resolution for this year?

09 ほめる

- ▸ taste　趣味、テイスト、味
- ▸ flatter　人の気を良くさせる、機嫌をとる

素敵なシャツね。
I like your shirt.

私の新しい髪形どう？
How do you like my new hair style?

よくお似合いね。
It suits you very well.

今日はとても素敵。
You really look great today.

青がとても似合うね。
You look great in blue.

赤がよくお似合いだ。
Red looks great on you.

もっと着るべきだよ。
You should wear it more often.

すごく趣味がいいわ。
You have great taste.

あなたは男の趣味がいいわね。
You have good taste in men.

器用だね。
You have good hands.

あなたほどうまくやれる人はいないわ。
Nobody else can do it like you do.

嬉しいわ。
I'm flattered.

覚えておくよ。
I'll keep that in mind.

よくそう言われるのよね。
I get that a lot.

10 励ます

> ▸ **stick**　くっつく、耐える
> ▸ **pay off**　期待された成果をあげる、報われる、元が取れる
> ▸ **venture**　危険を冒して〜する、思い切って〜する

幸運を祈る。
Good luck to you.

君ならできる。
You can do it.

行け。
Go for it.

かじりついて頑張れ。
Stick with it.

ふんばれ。
Hang in there.

今あきらめるな。
Don't give up now.

頑張って。
More power to you.

その調子で頑張って。
Keep up the good work.

習うより慣れろ。（諺）
Practice makes perfect.

あなたの努力は報われるわ。
Your effort will pay off.

ずっと頑張ってきたのを知ってるよ。
I know you've been working so hard.

あなたはきっと大丈夫。
You're going to be fine.

危険を冒さなければ何も得られない。（諺）
Nothing ventured, nothing gained.

ゆっくり確実にやった者が勝つ。（諺）
Slow and steady wins the race.

次はもっとうまくできるよ。
You'll do better next time.

なんとかなるように祈っています。
I hope things will work out.

僕のこと、あてにしていいから。
You can count on me.

君のベストじゃ、まだ足りないんだ。
Your best is not enough.

自分を哀れんでいる暇はないよ。
You have no time to feel sorry for yourself.

11 心配する

▶ **nervous** 緊張して、神経が高ぶって
▶ **pale** （色が）薄い、淡い、（顔色が）青ざめた、青白い

大丈夫？
Are you OK?

そんなに緊張しないで。
Don't be so nervous.

気持ちは分かるよ。
I know how you feel.

私にできることがあったら言ってね。
Let me know if there is anything I can do.

お気の毒に。
That's too bad.

あなたの味方です。
I'm on your side.

気分は？
How do you feel?

早く良くなって。
(I hope you will) Get well soon.

お大事に。
Take good care of yourself.

＊病気でない相手にも、「ご自愛ください」という意味で使える。

すごく顔色が悪いよ。
You look so pale.

震えてるじゃない。
You're shaking.

私も一緒に行こうか？
Do you want me to go with you?

家まで送るよ。
I'll take you home.

かわいそうに。
Poor you.

＊年長者から下の者へなど、上から目線を感じさせる言葉。

僕の肩で泣いていいよ。
You can cry on my shoulder.

＊英語では、泣くとき、相手の胸ではなく肩に頭を預ける。

3

気持ち

嬉しい、楽しい、おかしい、悲しい、怒ってる、怖い、びっくり。どれもこれも、心の底から表現しましょう。ただでさえ、英語が母国語でないというハンデを負っている私たち。何事もダイナミックに表現する英語圏で、抑揚のない小さな声で話していては、なかなか気持ちが伝わりません。慣れない私たちには少し気恥ずかしいけれど、「郷に入っては郷に従え」。喜怒哀楽を表すネイティブの様子を観察し、自分のものにしてしまいましょう。

01 嬉しい

- ▸ **happy** 嬉しい
- ▸ **overjoyed** 大喜びする、狂喜する
- ▸ **excited** わくわくしている
- ▸ **pleased** 喜んで、快く思って
- ▸ **ecstatic** 幸福の絶頂の、恍惚とした

すごく嬉しい。
I'm so happy.

大喜びです。
I'm overjoyed.

これはいい！
This is great!

わくわくするね。
I'm so excited.

大変喜ばしく思っています。
I'm very pleased with it.

それを聞いて嬉しいよ。
I'm glad to hear that.

この上なく嬉しい！
I couldn't be happier!

人生最高の日です。
This is the best day of my life.

宙を歩いているみたい。
I'm walking on air.

天にも昇る気持ち。
I'm in heaven.

現実としては出来すぎなくらい。
It's too good to be true.

素敵なことじゃない？
Isn't that wonderful?

すばらしいお知らせがあります。
I have some great news.

その知らせを聞いて有頂天になったよ。
I was ecstatic with the news.

02 　楽しい

- ▸ **fun**　楽しみ、おもしろいこと
- ▸ **interesting**　興味をそそる
- ▸ **delightful**　楽しい、愉快な、快適な
- ▸ **have the time of one's life**　とても楽しく過ごす
- ▸ **enjoyable**　楽しめる、楽しい

とても楽しい。
It's great fun.

これ、すごく楽しいよ。
This is so much fun.

とても興味深いですね。
It's very interesting.

楽しかったです。
It was delightful.

きっと楽しいだろうね！
That would be fun!

何かおもしろいことしようよ。
Let's do something fun.

彼らはとても楽しんでいるよ。
They are having the time of their lives.

僕らは実に楽しんだ。
We had a ball.

とてもおもしろくて、ためになる経験をした。
I had a very enjoyable and valuable experience.

バンジージャンプはすごく楽しくて、興奮するね。
There is a lot of fun and excitement in bungee jumping.

あんまり楽しそうには聞こえないよ。
It doesn't sound like fun.

人生もっと楽しみなさいよ。
Get a life.

私は優しくてセクシーで、楽しいことが大好きな女の子よ。
I'm a sweet sexy fun-loving girl.

03 おかしい、笑える

Track 30

- **hysterical** 非常にこっけいな、笑いが止まらない
- **hilarious** とても愉快な、大笑いの
- **crack up** 爆笑させる

おかしすぎ！
This is too funny!

笑いが止まらないほどおかしい。
It's hysterical.

③気持ち

大笑いだ！
Hilarious!

あなたって、すごくおもしろいわね。
You're so funny.

この冗談はいつもウケるんだ。
This joke always gets a laugh.

あれには笑っちゃったよ。
It made me laugh.

それ、笑える。
That's a good one.

これは一本とられたな。
You got me there.

その冗談には何時間も笑ったよ。
That joke cracked me up for hours.

ものすごく笑った。
I laughed so hard.

マスカラが流れちゃうじゃない。
It will smear my mascara.

今となっては笑える話よ。
I can laugh about that now.

そんなおかしい話、聞いたことがない。
That's the funniest thing I've ever heard.

僕、つまんなくてごめん。
I'm sorry I can't be funny.

何がそんなにおかしいんだよ。
What's so funny?

笑い話にもなりゃしない。
It's not even funny.

笑い者にするなよ。
Don't laugh at me.

あいつ、その冗談が自分のことだと思っちゃったんだ。
He thought the joke was on him.

04 悲しい、泣ける

Track 31

- ▸ **horrible** 恐ろしい、ひどく不快な
- ▸ **tragic** 悲劇的な
- ▸ **tragedy** 悲劇
- ▸ **sorrow** 悲しみ
- ▸ **lonely** 寂しい
- ▸ **hold back** こらえる

ひどく悲しい。
I'm terribly sad.

あなた、悲しそう。
You look sad.

彼女、悲しい顔をしていたよ。
She had a sad face.

悲しまないで。
Don't be sad.

それはひどい。
That's horrible.

それは悲しい事故だった。
It was a tragic accident.

それって何だか悲しいわね。
It's kind of sad.

それは悲劇だ。
That's a tragedy.

悲しい現実だ。
It's a sad reality.

そういうことを聞くと、悲しくなります。
I get sad when I hear something like that.

あの戦争は、我々の歴史の中で悲しい時代だった。
That war was a very sad time in our history.

彼女はいまだに悲しみの中にいる。
She is still in her sorrow.

1人だなんて寂しいわね。
One is a lonely number.

泣きに泣いた。
I cried and cried.

僕は涙をこらえた。
I held back <u>tears</u>.

怒り
anger

彼女の目は涙でいっぱいだった。
Her eyes were full of tears.

涙が彼女の頬を流れた。
Tears ran down her cheeks.

悲しみの後には喜びが来る。(諺)
After sorrow comes joy.

05 怒り

- ▶ **angry/mad** 怒って／狂って・ひどく怒って
- ▶ **upset** 怒らせる、気に障ることをする、狼狽させる
- ▶ **get on one's nerves** 神経に障る、いらいらさせる
- ▶ **annoy** 悩ます、苦しめる、気に障る
- ▶ **drive ... crazy** ひどく怒らせる、むかつかせる
- ▶ **offend** 感情を害する、機嫌を損なわせる、怒りをまねく
- ▶ **lose one's temper** 激怒する、キレる

僕に怒ってる？
Are you angry with me?

彼女は私にひどく怒っている。
She is mad at me.

私を怒らせたわね。
You made me angry.

彼きっと怒るわよ。
He'll be upset.

きっと大爆発だろうな。
He would hit the roof.

怒らないでね。
Please don't get upset.

またカリカリしてる。
You got snappish again.

すまない。ちょっとイライラしてて。
I'm sorry. I was a little edgy.

今ちょっと気が立っててね。
I'm a little tense.

あいつは癇に障る。
He gets on my nerves.

あれはすごくうっとうしいな。
It's so annoying.

彼女には頭にくるわ。
She drives me crazy.

まったく腹立たしい奴。
He's such a pain in the neck.

彼女は時折、僕の神経を逆なでするんだ。
Sometimes she rubs me the wrong way.

彼の嫌な冗談に腹が立ったわ。
I was offended by his nasty joke.

すごく気分が悪くなる発言を彼がしたの。
He made a very offensive statement.

あいつ、臆病者と呼ばれて怒ったんだ。
He got mad when he was called chicken.

彼女がキレて、彼に向かって怒鳴り始めたの。
She lost her temper and started screaming at him.

06 怖い

▸ scare　怖がらせる、驚かす、怯えさせる
▸ scary　怖い
▸ frighten　ひどく怖がらせる、ビクッとさせる
▸ height　高いところ、高さ
▸ get cold feet　怖気づく

怖いわ。
I'm scared.

ちょっと怖いよ。
It's a little scary.

おどかされるのは大嫌い。
I hate to be scared.

怖がりなの。
I get scared so easily.

死ぬほど怖かった。
I was scared to death.

暗闇で恐ろしい物音がした。
I heard a frightening noise in the dark.

高所恐怖症なんだ。
I'm afraid of heights.

失敗を恐れるな。
Don't be afraid of failure.

死ぬのは怖くない。
I'm not afraid to die.

僕は怖いもの知らず。
I'm fearless.

君を失うのが怖い。
I'm scared of losing you.

そんな怖いこと、どうやって思いついたんだろう。
How did he come up with the scary thought?

怖気づいたんじゃないの？
You got cold feet, didn't you?

僕は今、恐ろしい状況に置かれている。
I'm in a scary situation now.

07 驚く

> **amaze** 抑天させる、感心させる
> **startle** どきっとさせる、はっとさせる
> **hunch** 直感、予感、虫の知らせ

これは驚いた。
I'm surprised.

こいつは嬉しい驚きだ！
What a nice surprise!

あれにはまったく驚いたよ。
It was a big surprise.

信じられない。
That's incredible.

本当に？
Are you sure?

本気？
Are you serious?

まさか。
No kidding.

あり得ない。
That can't be true.

不可能だ。
That's impossible.

ものすごいショックを受けた。
I was absolutely shocked.

それって驚きじゃない？
Isn't that surprising?

かなり驚きね。
That's pretty amazing.

物音にビクッとした。
I was startled by the noise.

椅子から落っこちそうだったよ。
I almost fell off my chair.

飛び上がるくらい、びっくりした。
I nearly jumped out of my skin.

＊「（驚いて）皮膚から飛び出してしまいそうだった」が直訳。

僕にはすごくショックだったな。
It came as a <u>shock</u> to me.

驚き
surprise

今聞いたことが信じられない。
I can't believe what I just heard.

まったく予想外だった。
It was totally unexpected.

道理でね。
No wonder!

なんとなく分かってた。
I kind of knew it.

そんな予感がした。
I had a hunch.

そんな気がした。
I sensed it.

4

人の描写

「その人、どんな人？」と聞かれて、説明できますか？ nice
以外に思いつかなかったりしませんか？ 見た目から性格、悩
みまで、良い部分も残念な部分もきちんと伝えるためには、語
彙を増やすだけでなく、日頃から自分や相手をよく見ておくこ
とも大切。外国語の習得には、観察力がとても重要です。自分
のこと、あの人のこと、どんなふうに表現しますか？

01 どんな人？ 外見・雰囲気

- ▶ **cute** かわいい （キャラクターが魅力的な）
- ▶ **pretty** きれい
- ▶ **beautiful** 美しい
- ▶ **good-looking** ルックスの良い、容姿端麗な
- ▶ **attractive** 魅力的な、人をひきつける、色っぽい
- ▶ **homely** 素朴な、野暮ったい、不器量な
- ▶ **shabby** みすぼらしい

* pretty 以外は男女に使用可。

かわいい。
She is cute.

きれい。
She is pretty.

美しい。
She is beautiful.

美しい男だ。
He is a beautiful guy.

二枚目だ。
He is handsome.

見た目がいい。
He is good-looking.

とても魅力的な女性よ。
She is a very charming lady.

典型的な日本美人。
She is a typical Japanese beauty.

はっとするほど色っぽい。
She is strikingly attractive.

驚くほどの美人。
She is a stunning beauty.

とても色気がある。
He is very sexy.

最高。
She is gorgeous.

奴はひどく醜い。
He is so ugly.

不細工な女の子。
She is a plain girl.

顔は良くない。
She is homely looking.

母親だけが愛せる顔。
That's a face only a mother could love.

＊醜い容姿に
　関する定番
　表現。

きれいはきたない、きたないはきれい。
Fair is foul, and foul is fair.

＊ Shakespeare（シェイ
　クスピア）の Macbeth
　（マクベス）から出た表現。

不潔な男。
He is filthy.

みすぼらしい感じの男。
He is a shabby-looking man.

微笑みが素敵。
She's got a beautiful smile.

とても賢そう。
She looks very smart.

まさに天使。
She's an angel.

優雅だ。
She is elegant.

上品な物腰だ。
She is graceful in manner.

とても洗練されている。
He is very sophisticated.

ただの猫かぶりだよ。
It's just a put-on.

美人なんて皮一枚のこと。
Beauty is only skin deep.

02 どんな人？ 顔つき

- ▸ (eye) lid　まぶた
- ▸ subtle　かすかな（b は発音しない）
- ▸ in glasses　眼鏡をかけている
- ▸ mole　ホクロ、あざ
- ▸ double teeth/chin　八重歯／二重顎
- ▸ gray hair　白髪
- ▸ dark-haired　黒髪の

一重まぶただ。
She has <u>single</u> lids.

二重まぶた
double

奥二重だ。
I have subtle double lids.

大きくて、つぶらな黒い目をしている。
She has big round dark eyes.

大きな鼻をしている。
He has a <u>big</u> nose.

わし鼻／上を向いた鼻
hooked / upturned

鼻が高い。
He has a <u>long</u> nose.

低い
flat

メガネをかけている。
He's in glasses.

左頬に生まれつきのあざがある。
He has a birthmark on his left cheek.

唇の右上にホクロがある。
She has a mole above her lip on the right side.

額に小さな傷がある。
He has a small scar on his forehead.

出っ歯だ。
He has prominent teeth.

歯科矯正のブリッジをしている。
She's in braces.

その老人は前歯がない。
The old man has no upper front teeth.

八重歯がある。
She has double teeth.

二重顎だ。
He has a double chin.

白髪になりつつある。
My hair is going gray.

髪が薄くなってきている。
I'm losing hair.

金髪だ。
She is (a) <u>blonde</u>.

ブルネット、こげ茶色
a brunette（女性）

黒髪の男だ。
He is a dark-haired man.

赤毛の
red-haired

緑色の目をした赤毛の女性だ。
She is a woman with green eyes and red hair.

彼女は実際より老けて見える。
She looks old for her age.

03 どんな人？ 体格

Track 37

- **thin/skinny/boney** やせている／ひどくやせている／ガリガリの
- **slender** 細身の
- **fair/dark** 色白の・明るい色の／色黒の・暗い色の
- **big** 大きな、太った（**fat** の婉曲表現）
- **big-boned** がっちりした、骨太の
- **chunky** 塊の、ずんぐりした
- **chest** 胸、胸郭
- **cleavage** 谷、谷間
- **curvy** 曲線的な

やせている。
She is thin.

ガリガリだ。
She is boney.

やせ型の若い女だ。
She is a slender young woman.

色白の少女だ。
She is a girl with <u>fair</u> skin.

褐色の肌
dark

大柄な男だ。
He is a big guy.

がっちりした男だ。
He is a big-boned guy.

ずんぐりした背の低い男だ。
He is a chunky short man.

肩幅が広い。
He has broad shoulders.

胸が平ら。
She's flat-chested.

胸が大きい。
She has big breasts.

深い谷間を見せつけている。
She shows off her great cleavage.

出るところが出ている。
She has a curvy figure.

やや猫背。
She has slightly stooped shoulders.

ガニ股の初老の男だ。
He is an elderly bow-legged man.

彼は足を引きずって歩く。
He walks with a limp.

すごい美脚の持ち主。
She has <u>killer legs</u>.

すごい微笑
a killer smile

右腕に刺青がある。
She has a tattoo on her right arm.

04　どんな人？　性格 1 (^.^)

Track 38

▶ **smart**　賢い、賢明な、洗練された
▶ **suggestion**　提案
▶ **diligent**　まめな、熱心な、勤勉な
▶ **sweet**　優しい
▶ **attitude**　態度
▶ **easygoing**　呑気な、おおらかな、ゆったりした

賢い。
He is smart.

頭がいい。
She is clever.

とても知的だ。
She is very intelligent.

創造性豊か。
He is really creative.

すばらしいユーモアのセンスがある。
She has a great sense of humor.

おもしろい人。いつも笑わせてくれる。
He is funny. He always makes me laugh.

マメだ。
He is diligent.

勤勉な学生だ。
She is a diligent student.

すごく優しい。
She is so sweet.

とても親切。
He is very <u>kind</u>.

気さく、友好的
friendly

寛大だ。
He has a big heart.

気持ちのいい人。
She is a pleasant person.

努力家だ。(働き者だ。)
He is a hard worker.

有言実行タイプ。
She carries out her words.

根性がある。
He has a lot of guts.

行動力がある。
He is a man of action.

前向き（積極的）な姿勢。
She has a <u>positive</u> attitude.

否定的、消極的
negative

とても楽観的。
She is very <u>optimistic</u>.

悲観的
pessimistic

無口な人。
He is a quiet person.

自分のことをあまり話さない。
He is a private person.

すごく秘密主義。
He is so secretive.

それほど社交的ではない。
He is not much of a social person.

とても呑気な性格。
She is very easygoing.

心配事なんて何もない感じ。
She looks like she doesn't have a care in the world.

05 どんな人？ 性格2 (>_<)

- **moody** 気分屋の
- **touchy** 気難しい、怒りっぽい、神経質な
- **tempered** 〜な気性の
- **temperamental** 天気屋の
- **self-centered** 自分中心的な
- **stubborn** 頑固な
- **arrogant** 横柄な
- **naughty** やんちゃな、エッチな
- **mean** 意地悪な、卑怯な
- **natural-born** 生まれつきの
- **big talker** ほら吹き、大言壮語の
- **have a short/bad memory** 忘れっぽい
- **grumpy** むっつりした、気難しい
- **nasty** 不快な、汚らわしい。
- **dirty** 卑猥な
- **intimidating** 威嚇するような、威圧的な

気分屋。
She is moody.

気難しい。
She is touchy.

短気。
He is short-tempered.

天気屋。
He is temperamental.

116

自分勝手。
He is selfish.

自己中心的。
She is self-centered.

愛想なし。
She is unfriendly.

つまらない。
He is boring.

頑固。
She is stubborn.

自惚れ屋。
She is vain.

横柄。
He is arrogant.

すごく攻撃的。
He is so aggressive.

すごいケチ。
She is so cheap.

子供っぽい。
He is childish.

悪ガキ。
He is a naughty boy.

ただの子供。
He is just a child.

すごく意地悪なときがある。
She can be very mean.

すごくイヤな女。
She is so bitchy.

天性の嘘つき。
She is a natural-born liar.

おしゃべりだ。
She has a big mouth.

ほら吹きだ。
He is a big talker.

イカレてる。
He is crazy.

お馬鹿さん。
He is a dink.

ほんとに馬鹿。
He is so dumb.

アタマは空っぽだ。
She's got an empty head.

ちょっと頭が弱い。
She is a little slow in the head.

忘れっぽい。
She has a short memory.

どうしてあんなに気難しいんだろう。
Why is she so difficult?

なかなか難しい性格だ。
He is hard to please.

気難しい爺さんだ。
He is a grumpy old man.

いやらしい奴。
He is a nasty person.

スケベおやじ。
He is a dirty old man.

近寄りがたい。
She is unapproachable.

すごく威圧的。
She is very intimidating.

最も付き合いづらいタイプ。
She is one of the most difficult persons to get along with.

私は彼をミスター優柔不断と呼んでいる。
I call him Mr. Wishy-Washy.

06 容姿の悩み

- ▶ **lose/gain weight** やせる／太る
- ▶ **chubby** ぽっちゃりしている
- ▶ **fat legs** 大根足
- ▶ **loose** たるんだ
- ▶ **muscular** 筋肉質の、筋骨たくましい
- ▶ **full** ふっくらとした
- ▶ **crow's feet** カラスの足跡、目尻のシワ

やせたい。
I want to lose weight.

私は昔からぽっちゃりタイプ。
I've always been chubby.

この大根足が嫌。
I hate my fat legs.

足首が太い。
I have big ankles.

二の腕って、どうしたら引き締まる？
How can I tighten my upper arms?

ぺったんこのお腹がほしい。
I want a flat stomach.

たるんだお尻を引き締めたい。
I want to tighten my loose hips.

かなりお腹が出ている。
He has a large stomach.

夏までにきれいに（かっこよく）なりたい。
I want to look good before summer.

かなりやせてセクシーな女の子が好き。
I like a sexy skinny girl.

筋肉質の男が大好き。
I love muscular men.

背が高くて色黒でハンサムな男がいいわ。
I want a man who is <u>tall</u>, <u>dark</u>, and <u>handsome</u>.

背が低い／色白／醜い
short / pale / ugly

ふっくらぽってりした唇に見せたい。
I want to make my lips look full and fat.

カラスの足跡と笑いジワのどこがいけないのよ。
What's wrong with crow's feet and laughter lines?

毎日ローションを塗っても、このニキビは治らない。
Applying lotion every day doesn't cure my acne.

彼女、何を使ってるのかしら。私はあらゆるものを使っているけど、
ああはなれない。

**What does she use? I use everything, but I
can't get the look.**

★色のイメージ1：green は嫉妬、blue は猥褻？

　色が持つイメージは、言語によって違いがあります。日本語と英語を、
ちょっと比べてみましょう。

　緑色の顔をした人なんて、あり得ない。私たちはそう感じます。しかし英
語では、青白い顔を green と形容することがあります。酔って吐きそうな顔、
嫉妬にかられた顔も green。一方で、「未熟。経験不足」を green で形容
するあたりは、日本の「青二才」と同じ感覚です。

　blue は、「憂鬱」を指すだけでなく、「猥雑」というイメージも。日本の「ピ
ンク映画」は、英語では blue film です。

　そして、pink にエッチな意味はなく、むしろ健康的。in the pink of
health は「元気で」という意味。

　red heat（激しい興奮）、red face（赤面）、red hands（殺人罪）、
red label（危険ラベル）、turn red with rage（怒りで真っ赤になる）
などは、イメージが沸きやすいはず。

　青筋を立てて怒る様子を、purple with rage と形容することもありま
す。purple passage（華麗な、美文調の麗句）という表現は、日本での紫
の高貴なイメージに近いかもしれません。

5

気候・季節

文化の違いに関わらず、初対面の人とも安心して話せる万国共
通の話題が、お天気や季節のこと。会話の糸口にぴったり。四
季の移り変わりは、さまざまな話題を提供してくれるでしょ
う。また、海外から来ている人たちは地震に慣れていないこと
が多く、いろいろと知りたがります。「震源地」や「余震」な
ど幾つかの表現を覚えておくと、いざというときに説明できま
す。

01 天気

- ▶ **foggy** 霧が出ている
- ▶ **icy rain** みぞれ
- ▶ **shower** 夕立、にわか雨
- ▶ **heavy/light rain** 大雨／小雨
- ▶ **suicidal** 自殺的
- ▶ **snowstorm/rainstorm** 吹雪／暴風雨
- ▶ **chance of rain/snow** 降水確率／降雪確率
- ▶ **weather alert** 気象警報

すばらしいお天気ね。
It's a beautiful day.

雨だ。
It's <u>raining</u>.

晴れ
sunny

少し曇っています。
It's a little cloudy.

とても風が強い。
It's very windy.

霧が出てきたよ。
It's getting foggy.

一雨きそうです。
It looks like rain.

雨が降り出したわ。
It's started to rain.

外は雪だよ。
It's snowing out.

みぞれが降った。
We had an icy rain.

さっき夕立が来たの。
We had a shower earlier.

こんな大雨のときに出かけたくない。
I don't want to go out in this heavy rain.

吹雪のときにチェーンなしで運転なんて自殺行為。
It's suicidal to drive without chains in a snowstorm.

雨の後には虹が出る。（諺）
After the rain comes a rainbow.

今日の天気予報を見てみよう。
Let's check today's weather forecast.

週末の予報はどう？
What is the forecast for this weekend?

パリの天気はどうかしら。
How's the weather in Paris?

今夜は雪になりそうですよ。
We are expecting snow tonight.

天気予報では、朝には晴れ上がるって。
The weather report said it should be clearing up in the morning.

降水確率は60%。
There is a 60 percent chance of rain.

今日の最高気温は25度、最低気温は14度です。
The high today will be 25 degrees. The low will be 14 degrees.

現在、警報は出ていません。
There are currently no weather alerts.

あの天気予報は外れたよ。
That weather forecast was <u>wrong</u>.

当たった
right

02 季節

Track 42 🎧

- ▶ **rainy season** 梅雨
- ▶ **muggy** 蒸し暑い
- ▶ **humid** 湿度の高い
- ▶ **fall foliage** 紅葉

春はすぐそこです。
Spring is just around the corner.

1年で春がいちばん素敵な時期だと思う。
I think spring is the best time of the year.

春の花が大好き。
I love spring flowers.

梅雨って嫌じゃない？
Don't you hate the rainy season?

蒸し暑い。
It's muggy.

週末にはもっと涼しくなって、湿度が下がるといいんだけど。
I hope it will be cooler and less humid for the weekend.

猛暑続きで食欲がなくなっちゃった。
I have lost my appetite because of the long heat wave.

秋は芸術にぴったりの季節。　　　　　　勉学／スポーツ／読書
Fall is the best season for <u>art</u>.　study / sport / reading

秋は大好き。センチメンタルな気分になるけど。
I love autumn despite the sentimental feelings it gives.

木の葉が色づいてきているね。
Leaves are changing colors.

紅葉がとても素敵。
Fall foliage is so lovely.

冬はロマンティックな季節。
Winter is a romantic season.

寒い。凍えちゃうよ。
It's cold. I'm freezing.

03 天災（台風・雷・地震・津波）

- **dodge** よける、避ける
- **downpour** 豪雨
- **drive ... crazy** 〜を狂ったようにさせる、おかしくさせる
- **sleep through ...** 〜に気づかず寝ている、〜まで寝通す
- **earthquake source** 震源地
- **earthquake-resistant/heat-resistant** 耐震構造の／耐熱構造の
- **aftershock** 余震
- **Meteorological Agency** 気象庁
- **emergency disaster information** 緊急災害情報

台風が近づいているの、知ってる？
Do you know a typhoon is coming?

台風は千葉に上陸中。
The typhoon is hitting Chiba.

台風は沖縄を避けた。
The typhoon dodged Okinawa.

豪雨で洪水が起きた。
The downpour caused flooding.

家々は床上浸水。
Houses were flooded above floor level.

うちの犬は雷や稲妻に大騒ぎするの。
Thunder and lightning drives my dog crazy.

昨日の夜、大きな地震があったんだよ。
There was a big earthquake last night.

寝てて気がつかなかったなんて信じられない。
I can't believe you slept through it.

どの程度の地震だったの？
How big was the earthquake?

その地震のマグニチュードは7.8。
The earthquake had a magnitude of 7.8.

震源地がどこか知ってる？
Do you know where the earthquake source is?

慌てないで。揺れはたいてい1分も続かないから。
Don't panic. The shaking usually lasts less than a minute.

僕の家はかなり揺れたよ。
My house shook badly.

私の家は一応、耐震構造なんだけど。
My house is supposed to be earthquake-resistant.

エレベーターが止まってしまった。
The elevator came to a stop.

そのビルはかなり損傷している。
The building has been greatly damaged.

ここ数日間は、その地域に強い余震がある可能性がある。
Strong aftershocks could hit the region over the next few days.

津波警報は出ていない。
No tsunami warning is issued.

津波は、多くは地震によって起きる大きな波の連なり。
A tsunami is a series of waves most commonly caused by an earthquake.

雷に打たれて2人が病院に搬送された。
Two people were taken to the hospital after being struck by lightning.

★気象災害情報を外国語でお知らせ

　日本滞在中に気象災害に遭い、正確な情報が得られず困っている外国人がいたら、教えると喜ばれるかもしれません。

Do you know Japan's Meteorological Agency's website provides emergency disaster information in foreign languages?
日本の気象庁のサイトが外国語の緊急災害情報を提供しているのをご存知ですか？

★雨でがっかりしているお客様に一言

　海外からのお客様をお迎えしたとき、あいにくのお天気だと、つい嘆きたくなります。

　でも、見方ひとつで、気分を変えることができるかもしれません。

The rain adds some beauty to the historic town.
この雨で、歴史ある町がより美しく感じられますね。

The old temples look even more enchanting in the smoky rain.
煙った雨の中では、古いお寺がいっそう魅力的に見えますね。

04 避難

- ▸ **emergency exit/staircase** 非常口／階段
- ▸ **evacuate** 避難する、避難させる
- ▸ **facility** 施設
- ▸ **evacuation center** 避難所
- ▸ **temporary home/house** 仮設住宅

⑤気候・季節

非常口と非常階段はどこですか？
Where is the emergency exit and staircase?

ドアを開けて、避難経路を確保して。
Open the door and secure the evacuation route.

今すぐここから避難しなければ。
We must evacuate this area immediately.

落ち着いて。大丈夫ですから。
Stay calm. It's all right.

僕らは自宅から公共施設に一時的に避難させられた。
We were temporarily evacuated from our homes to public facilities.

非常持ち出し袋を用意してあるわ。
I have a survival kit ready.

避難経路マップはここにある。
Here's the emergency escape route map.

懐中電灯を手近に置いておくように。
Keep a flashlight handy.

少なくとも3日は自力で生き延びられるよう備えておくべき。

You should be prepared to survive on your own for at least three days.

2日間、避難所生活をしている。

We've been staying in the shelter for two days.

もうすぐ避難所で食べ物と必需品が配られる。

Food and essential items will be given out soon in the evacuation center.

その避難所ではプライバシーが保てない。

There is a lack of privacy in the evacuation center.

多くの人が未だに仮設住宅に暮らしている。

Many people still live in temporary homes.

日本の自衛隊の尽力には感謝している。

We are thankful for Japan's Self-Defence Forces' efforts.

＊自衛隊の正式名 Japan Self-Defence Forces（SDF）

東日本大震災は、目に見える影響と見えない影響を我々にもたらした。

The Great East Japan Earthquake brought a visible and invisible impact on us.

大災害からは学ぶべきことが多くある。

There is a lot to learn from megadisasters.

6

挨拶

出会いと別れの挨拶は、基本中の基本。第一印象はやり直しが
きかないものです。初めて出会う相手への挨拶は、しっかり押
さえておきましょう。言葉の不安は、笑顔で補って。日本語で
は同じ「会えてよかった」も、英語では、相手と初対面かそう
でないか、会ったときか別れ際かで、それぞれ表現が違います。
ちょっとしたことですが、覚えておくとスマートです。

01 出会い

▶ in person 本人が直々に
▶ speak highly of ... ～を非常にほめる

こんにちは。
Hello.

おはようございます。
Good morning.

こんにちは。
Good afternoon.

こんばんは。
Good evening.

元気ですか？
How are you doing?

どうですか？
How's it going?

どう？
What's up?

はじめまして。
How do you do?

会えて嬉しいです。
Nice to meet you.

＊初めて会う相手に。

会えて嬉しいです。
Nice to see you.

＊以前に会ったこと
のある相手に。

⑥挨拶

お会いできてとても嬉しいです。
I'm very glad to meet you.

お会いできて嬉しく思います。
It's a pleasure to meet you.

ずっとお会いしたかったんですよ。
I've always wanted to meet you.

私たちお電話で話したことはあるけれど、お目にかかるのは初めてですよね。
We've talked on the phone, but never met in person.

ついにあなたとお話しする機会が持てました。
I finally got a chance to talk to you.

彼女があなたのことをよく話しています。
She talks a lot about you.

彼はいつもあなたをほめています。
He always speaks highly of you.

とても歌がお上手だと聞きましたよ。
I heard you are a good singer.

ロビーでお見かけしたと思います。
I think I've seen you at the lobby.

確か以前にお会いしましたね。
I think we've met before.

02 名前の確認

▸ pronounce　発音する
▸ lovely　素敵な、かわいらしい（女性がよく使う言葉）
▸ business card　名刺

もう一度お名前を伺ってよろしいですか？
May I have your name again, please?

すみません、お名前がよく聞き取れませんでした。
I'm sorry I didn't quite catch your name.

もう一度、言っていただけますか？
Would you repeat it, please?

お名前はどう綴るんですか？
How do you spell your name?

ジェニファー？　発音は正しかったですか？
Jennifer? Did I pronounce it right?

素敵なお名前ですね。
That's a lovely name.

私は山田健二です。
I'm Kenji Yamada.

ケンと呼んでください。
Please call me Ken.

これが私の名刺です。
This is my business card.

電話かメールで遠慮なくご連絡ください。
Please do not hesitate to contact me by phone or email.

03 旅の話題

Track 47 🎧

▸ jet lag　時差ぼけ
▸ Japan time　日本時間

私は飛行機は苦手です。
I hate flying.

まだ時差ぼけです。
I still have jet lag.

僕の体はまだ日本時間ですよ。
I'm still on Japan time.

パークホテルに泊まっています。
I'm staying at the Park Hotel.

昨日は何時に着いたんですか？
What time did you arrive yesterday?

ロンドンから成田のフライトは何時間ですか？
How long is the flight from London to Narita?

さぞやお疲れでしょう。
You must be tired.

日本はこれが初めてですか？
Is this your first time to visit Japan?

家族にお土産は買いましたか？
Have you bought gifts for your family?

日本食はどうですか？
How do you like Japanese food?

何か日本語を覚えましたか？
Did you learn any Japanese words?

日本に来てどれくらいですか？
How long have you been in Japan?

どれくらい滞在なさるんですか？
How long are you going to stay?

楽しんでほしいと思います。
I hope you'll have a great time.

04 別れ

▶ **Good bye.** さようなら。（**by** ではなく **bye**）"**Bye.**"
のほうがカジュアル。"**bye-bye**" は子供の挨拶。

⑥挨拶

さようなら。
Good bye.

さよなら。
See you.

後でね。
Talk to you later.

後でね。
Catch you later.

またね。
See you later.

近いうちにまた。
See you soon.

＊「もうすぐ会えるね」
という意味でも使える。

月曜日にね。
I'll see you on Monday.

楽しい週末を。
Have a good weekend.

さようならを言うのは嫌だな。
I hate to say good bye.

もっといてもらえたらいいのに。
I wish you could stay.

時間が経つのは早いですね。
Time goes so fast.

会えてよかったです。（初対面の相手に）
Nice meeting you.

お話しできてよかったです。
It was nice <u>talking to</u> you.

お会いできて
seeing

とても楽しかったです。
I had a great time.

もう行かなくては。
I have to go now.

お元気で。
Please take care.

連絡取り合おうね。
Keep in touch.

私、Twitter やってるの。
I'm on <u>Twitter</u>.

Instagram / Tik Tok / Facebook

たまにはメッセージ送って。
Send me a message sometime.

★使い分けに注意！　meet と see、to と ing
Nice to meet you. は、初めて会う人に、出会いの場面で。
Nice to see you. は、知り合いと、再会したときに。
Nice meeting you. は、初めて会った人と、別れるときに。
Nice seeing you. は、知り合いと、別れるときに。

7

自己紹介

異なる文化の人に自分を分かってもらうためには、きちんと自己アピールできることが大切。興味を持ってもらえるように、さまざまな話題を提供しましょう。ただし、あまりにも個人的なこと、触れられたくないことまで、無理に話す必要はありません。そんな場合のかわし方も、しっかり準備して。こちらから質問する場合、相手とまだ親しくなっていない段階で、宗教、年齢、結婚、性のことを聞くのは避けた方が無難です。

01 育ち

- **old-fashioned** 古風な、旧式の、古めかしい、古臭い
- **spoiled brat** 甘やかされた子、わがままっ子

1980年7月7日生まれです。
I was born on July 7, 1980.

僕は田舎で育った。
I grew up in <u>the countryside</u>. 大都市／大家族 a large city / a big family

日本の古いタイプの家庭に育ったんだ。
I'm from an old-fashioned Japanese family.

内気な子だった。
I was a <u>shy child</u>. いたずらっ子 naughty child

目立ちたがり屋だった。
I loved attention.

過保護だった。
I was overprotected.

甘やかされた、わがままっ子だった。
I was a spoiled brat.

大学へは行かなかった。
I didn't go to college.

コネチカットのノースイースタン大学に行きました。
I went to Northeastern University in Connecticut.

ニューヨーク大学を卒業しました。
I graduated from New York University.

大学ではラグビーをやっていました。
I used to play rugby in college.

あなたはきっとかわいい子供だったわね。
You must have been a lovely child.

君は長男と同い年だね。
You are the same age as my eldest son.

02 趣味

Track 50 🎧

▸ **hobby** 趣味。ある程度の知識や技術、気構えを必要とするもの。
▸ **pastime** 時間のあるときにする気晴らし。娯楽。

スキーが大好き。
I love skiing.

週に一度、英語を習っている。
I take <u>English</u> lessons <u>once a week</u>.

バレエ／ピアノ／陶芸／ゴルフ／歌
週に二度／月に一度
**ballet / piano / pottery / golf / vocal
twice a week / once a month**

生け花を習いたいです。
I'd love to learn Japanese traditional flower arrangement.

145

茶道の先生の免状を持っている。
I have an instructor license of Japanese traditional tea ceremony.

10年以上やっています。
I've been practicing for more than ten years.

趣味ってものはないんだ。
I don't have a hobby.

趣味が広いですね。
You have broad interests.

よくネットサーフィンを気晴らしにしてる。
Internet surfing is my favorite pastime.

オンラインゲームをよくする。
I play online games a lot.

SNS を見てるうちに何時間も経ってることがある。
Sometimes I spent hours just surfing social media.

テニスはしますか？
Do you play tennis?

ゴルフはもう長いんですか？
How long have you been playing golf?

映画へはどれくらい頻繁に行くの？
How often do you go to movies?

先週末、長野にスノボに行ったんだ。
I went snowboarding in Nagano last weekend.

料理は独学。
I taught myself to cook.

プロに習いたいんだ。
I want to learn from a professional.

ダンスに夢中。
I'm crazy about dancing.

進歩したときには最高の気分。
I feel great when I see progress.

全然上達してる気がしない。
I don't seem to be making any progress.

次のレッスンが待ちきれない。
I can't wait for the next lesson.

いい道具は高い。
Good tools are expensive.

下手な職人ほど道具のせいにする。（諺）
A bad workman quarrels with his tools.

skiing スキー　swimming 水泳
scuba diving ダイビング　playing tennis テニス
cooking 料理　gardening ガーデニング
knitting 編み物　traveling 旅行　reading 読書
painting 絵を描くこと
playing the piano/guitar ピアノ／ギターを弾くこと

03　家族

Track 51

▸ **mixed feelings**　複雑な気持ち、入り混じった感情
▸ **childhood dream**　子供の頃の夢

すばらしい両親がいる。
I have great parents.

あれが私の息子。
That's <u>my boy</u>.

娘
my girl

妻は最高の仲間。
My wife is my best companion.

一人っ子なの。
I'm an only child.

男1人、女2人のきょうだいがいる。
I have a brother and two sisters.

一番下の弟は大学生。
My youngest brother is in college.

一番上の姉が子供を産んで、僕は叔父になった。
My eldest sister had a baby and I became an uncle.

⑦自己紹介

夫の両親とはうまくやっているわ。
I get along with my husband's parents.

父は既に退職している。
My father is already retired.

両親ともに年金生活者だ。
My parents are both pensioners.

父を癌で亡くした。
I lost my father to cancer.

老いていく両親が心配だよ。
I'm concerned about my aging parents.

両親は孫たちに会うのが楽しみなの。
My parents are always happy to see their grandchildren.

義父（＝継父）に対しては複雑な気持ちがある。
I have mixed feelings toward my stepfather.

姑は私にきつくあたるのよ。
My mother-in-law is stern with me.

舅
father-in-law

幸せな母親になることが子供の頃の夢だったの。
Becoming a happy mother was my childhood dream.

両親のしつけは厳しかったよ。
My parents were very strict about manners.

両親は私をうまく育ててくれた。
My parents brought me up well.

両親は共働きだった。
My parents were both working full-time.

母子家庭で育ったんだ。
I was raised by a single mother.

あたたかく幸せな家庭に育った。
I was brought up in a warm and happy family.

両親はいつも言い争っていた。
My parents were always arguing.

うちの家庭は壊れてた。
I'm from a broken home.

父の仕事の都合で、数年ごとに転校しなくちゃならなかった。
I had to transfer every few years because of my father's job.

大学に入るときに家を出た。
I left home when I entered college.

両親には感謝してる。
I'm grateful to my parents.

とても幸せな子供時代だったな。
I had a very happy childhood.

悪くはなかったけど、君が思うほど良くもなかったよ。
It wasn't bad, but not as good as you think.

子供の頃は嫌だったけど、今では感謝してる。
I didn't like it when I was young, but now I'm thankful.

★血縁のいろいろ

niece 姪　**nephew** 甥　**uncle** おじ　**aunt** おば
grandfather 祖父　**grandmother** 祖母　**grandchild** 孫
stepfather 義父　**stepmother** 義母
mother/father/brother/sister-in-law 義理の母／父／兄弟／姉妹
cousin いとこ

04 住んでいるところ

Track 52

▸ **on the ... line** 　〜線沿い
▸ **the nearest station** 　最寄り駅
▸ **in the middle of nowhere** 　何もないところ
▸ **two-story** 　2階建ての
▸ **neighborhood** 　近所、近所の人々

神奈川県に住んでいる。
I live in Kanagawa Prefecture.

以前、アメリカに住んでいたんだ。
I used to live in the States.

シカゴに3年住んだことがある。
I once lived in Chicago for three years.

東京の西のはずれに住んでいる。
I live in the west end of Tokyo.

中央線沿いに住んでいる。
I live on the Chuo Line.

メイプル通り
Maple Street

最寄り駅は千葉。
The nearest station is Chiba.

駅からは歩いてたった5分なの。
It's only a five-minute walk from the station.

何もない辺鄙なところよ。
It's in the middle of nowhere.

アメリカ大使館の近くに住んでます。
I live near the American Embassy.

両親と同居している。
I live with my parents.

海辺の小さな家に住んでいる。
I live in a small house by the sea.

木造2階建て。
That's a two-story wooden house.

マンション（アパート）暮らし。
I live in an apartment.

いい環境に建っています。
It's in a nice neighborhood.

以前はとても治安の良いところだったけど、今はそうは言えないな。
It used to be quite a safe area, but you can't say that any more.

05 相手について質問

▸ originally 初めは、生まれは
▸ zodiac sign(s)（占星術の）12星座

どこからいらしたんですか？
Where are you from?

出身はどちら？
Where are you originally from?

学校はどちらへ？
Where did you go to school?

お勤めはどこ？
Where do you work?

お仕事は何を？
What do you do?

ごきょうだいはいますか？
Do you have any brothers or sisters?

彼氏はいるの？
Do you have a <u>boyfriend</u>?

彼女
girlfriend

結婚されているのか、聞いていいですか？
Can I ask if you are married?

時間のあるときに何をするのが好きですか？
What is your favorite pastime?

何か趣味はありますか？
Do you have a hobby?

今、はまっているものは？
What are you into?

あなたの星座は？　私は獅子座。
What's your zodiac sign? I'm Leo.

僕ばかり話してる。
I'm the only one talking.

あなたのこと、もっと話してください。
Please tell me more about you.

06 踏み込みすぎ、話したくない

▸ **subject** 主題、テーマ
▸ **thoughtless** 不注意な、そそっかしい、配慮や思いやりに欠ける

話題を変えましょう。
Let's change the subject.

ご想像におまかせします。
I'll leave it to your imagination.

そうですね、あなたがそう思われるのでしたら。
Well, if you think so.

それはかなり個人的なことでは？
Isn't that rather personal?

あなたはどう思う？
What do you think?

本当に知りたいですか？
Do you really want to know?

それについては、あまり語りたくありません。
I'm not really comfortable talking about that.

聞いちゃってごめんなさい。
I'm sorry I asked.

配慮に欠けていました。
I was thoughtless.

気を悪くされていないといいのですが。
I hope you're not offended.

無理に話さなくていいんですよ。
We don't have to talk about it.

★出会いを楽しむ

　パーティや飲み会などは、相手とより親しくなるチャンス。機会があれば、積極的に参加しましょう。楽しむべき社交の場で、完璧な英語で話す必要はありません。黙っていないで、進んでおしゃべりする姿勢が大切。ただし、あんまり飲みすぎてフラフラにならないように。そんな困った場面でのフレーズも押さえておけば、完璧です。

★Zodiac Signs（12星座）

牡羊座	**Aries**
牡牛座	**Taurus**
双子座	**Gemini**
蟹座	**Cancer**
獅子座	**Leo**
乙女座	**Virgo**
天秤座	**Libra**
蠍座	**Scorpio**
射手座	**Sagittarius**
山羊座	**Capricorn**
水瓶座	**Aquarius**
魚座	**Pisces**

8

社交

パーティや飲み会などは、相手とより親しくなるチャンス。機会があれば、積極的に参加しましょう。楽しむべき社交の場で、完璧な英語で話す必要はありません。黙っていないで、進んでおしゃべりする姿勢が大切。ただし、あんまり飲みすぎてフラフラにならないように。そんな困った場面でのフレーズも押さえておけば、完璧です。

01 招待

- **friend from school** 学校の（学生時代の）友達
- **co-worker** 同僚
- **potluck party** 持ち寄りのパーティー（各自一品ずつ持ち寄る）
- **dip** ディップ（チップスや野菜につけるソース）
- **give one's best regard to ...** 〜によろしく伝える

パーティーしようよ。
Let's have a party.

今度の日曜日、うちに来ない？
Why don't you come to my house next Sunday?

あなたを我が家の夕食にご招待したいのですが。
I'd like to invite you to dinner at my house.

喜んで行きます。
I'd love to come.

喜んで参加いたします。
I'd be delighted to attend.

残念ですが、出られません。
I'm sorry I can't make it.

他に誰が来るの？
Who else is coming?

学生時代の友達を呼んでるんだ。
I invited friends from school.

職場
work

同僚にあなたを紹介したいの。
I'd like you to meet my co-workers.

カジュアルなパーティーよ。
It's a casual party.

持ち寄りのパーティーなんだ。
It's a potluck party.

僕はシャンパンを持って行く。
I'll bring some champagne.

評判の特製ディップを作ってきてちょうだい。
Please bring your famous dip.

あなたにお花を持って来たの。
I brought you some flowers.

マークに招待されました。
I was invited by Mark.

夕食に招いてくださってありがとう。
Thank you for inviting us to dinner.

招待ありがとう。
Thank you for the invitation.

来てくれてありがとう。
Thanks for coming.

あなたが来てくれて、こんなに嬉しいことはないわ。
I'm only too happy to have you here.

さあ、入って。
Come on in.

ここ、すぐに分かった？
Did you have any problem finding our place?

いいところですね。
It's a nice area.

靴はここで脱いでください。
Please leave your shoes here.

コートをお預かりしましょうか。
May I take your coat?

座って楽にして。
Have a seat and make yourself comfortable.

素敵なおうちですね。
You have a very <u>nice home</u>.

美しい庭
beautiful garden

お手洗いは廊下の先です。
The bathroom is down the hall.

音楽をかけようか。
Let's play some music.

そろそろ失礼いたします。
I think I should be going now.

とても楽しかったです。
I really enjoyed myself.

楽しい夜でした。
I had a wonderful evening.

おもてなしをありがとう。
Thank you for your hospitality.

ご両親によろしくお伝えください。
Please give my best regard to your parents.

お兄さんによろしく。
Please say hi to your brother.

また来てくださいね。
Please come again.

02 同窓会

- ▸ **reunion** 再会、同窓会
- ▸ **hair line** 生え際
- ▸ **lose hair** 髪が薄くなる
- ▸ **put on weight** 太る
- ▸ **skirt chaser** いつも女の子を追いかけている男
- ▸ **have a crush on ...** 〜に熱を上げる

10年ぶりの再会だ。
It's the first reunion after ten years.

同窓会なんて初めて出るよ。
This is my first class reunion ever.

今でも皆が分かる？
Can you still recognize everybody?

あそこにいるのはエリーじゃない？
Isn't that Ellie over there?

どうしてた？
How have you been?

彼女は美しい女性に変身したね。
She's turned into a beautiful woman.

彼はかなり出世しているみたい。
He seems to be very successful.

全然変わってないね。
You haven't changed a bit.

生え際が上がったよ。
My hair line is up.

シワができたわ。
I've got lines.

髪がだいぶ薄くなっている男性が何人か。
Some men have lost a lot of hair.

かなり太った女性が何人か。
Some women put on a lot of weight.

今じゃ私も三児の母よ。
Now I'm a mother of three kids.

あいつ、女の子を追いかけてばかりだったわね。
He was a skirt chaser.

彼女はクラス一番の人気者だったわ。
She was the most popular girl in class.

僕、彼女にかなり熱を上げてたんだよな。
I had a huge crush on her.

すごくいろんなことを思い出した。
It brought back a lot of memories.

また君たちに会えて嬉しいよ。
It's so nice to see you guys again.

来年また集まろうよ。
Let's get together again next year.

03 カラオケ

Track 57

‣ **all-you-can-sing/eat**　歌い放題／食べ放題
‣ **sing a duet with ...**　～とデュエットする
‣ **singing voice**　歌うときの声
‣ **carry a tune**　音程をはずさずに歌う

今晩カラオケ行かない？
Do you want to go to karaoke tonight?

3時間、歌い放題よ。
It's all-you-can-sing for three hours.

僕らはカラオケの一夜を過ごした。
We had a karaoke night.

歌うのって楽しい。
Singing is fun.

タブレットで歌を選んで。
Pick a song from the tablet.

あ、私何が歌いたいか分かった。
OK. I know what I want to sing.

私とデュエットしたい人？
Who wants to sing a duet with me?

歌の番号は？
What's the song number?

歌う曲、決めた？
Did you pick your song?

自分の曲、もう入れた？
Did you put in your request?

これは私向きの歌じゃないわ。
This is not my song.

＊「私が選んだ曲じゃない」という意味でも使える。

音、下げようか？
Do you want to lower the pitch?

遅すぎるな。速度を上げよう。
It's too slow. Let's raise the tempo.

彼女の歌、聞いたことないな。
I've never heard her singing.

君がこの前歌った曲、何だっけ？
What was that song you sang last time?

165

あの歌、歌ってよ。
Sing me that song.

歌うときの彼女の声、すごくいいんだよね。
She has a great singing voice.

私、音痴なのよ。
I can't carry a tune.

僕はすごく歌が下手なんだ。
I'm a horrible singer.

高い声が出ないんだよ。
I can't hit a high note.

カラオケで歌うの嫌いなの？
You don't like singing in karaoke?

＊否定文で語尾を上げる質問および確認は、口語でよく見られる。

彼、マイクに向かって叫んでるだけじゃない。
He is just screaming into a microphone.

私もあなたみたいに歌えたらいいのに。
I wish I could sing like you.

04 飲み会

- ▸ **start with ...** 〜で始める
- ▸ **designated driver** 指定ドライバー、仲間内の運転係
- ▸ **get high with ...** 〜でハイになる
- ▸ **drunk driving** 飲酒運転
- ▸ **drink up** イッキ
- ▸ **sip** （飲み物の）一口、ひとすすり
- ▸ **last train** 終電

⑧社交

一杯どう？
How about a drink?

飲みに行こうかって話してるんだけど。
We are talking about going for a drink.

とりあえずビール？
Are we gonna start with beer?

いや、僕は飲めないんだ。
No. I don't drink.

＊医師に止められているような場合を除き、「飲めない」は can't drink ではなく don't drink と言う。

今はお酒やめてるんだ。
I'm off alcohol now.

あまりお酒は飲まないんですよ。
I'm not much of a drinker.

今日は運転係なんです。
I'm a designated driver today.

何かお茶はありますか？
Do you have any kind of tea?

僕はこのウーロン茶で同じくらいハイになれるよ。
I can get as high with my oolong tea.

飲んだら乗るな。
Don't drink and drive.

飲酒運転で捕まりたくないよ。
I don't want to be charged with drunk driving.

運転代行サービスを使いなよ。
Use driver service.

すみません。グラスをあと2つください。
Excuse me. Can we have two more glasses?

いいところで止めてね。
Say when.

乾杯！
Cheers!

イッキ、イッキ！
Drink up, drink up!

この一杯のために一日働いたんだ。
I've worked the whole day for this.

甘いお酒は好きじゃない。
I don't like sweet drinks.

何飲んでるの？
What are you drinking?

あなたの、一口もらっていい？
Can I have a sip of yours?

おい、グラスが空じゃないか。
Hey, your glass is empty.

あと一杯飲んで帰るとしよう。
Let's have one more and then we'll go.

終電で帰った。
I took the <u>last train</u> home.

始発
first train

---

05 酔っ払い

Track 59

▸ **get drunk on ...** 〜で酔う
▸ **can hold one's liquor** 酒が強い
▸ **amorous** なまめかしい、好色な
▸ **pace oneself** ペースを加減する
▸ **sober up** 酔いを醒ます、酔いが醒める
▸ **thunder look** 怒った（雷様のような）形相

ちょっと飲み過ぎちゃったな。
I drank a little too much.

まわってきたよ。
It's reaching my head.

ワインで酔っ払った。
I got drunk on wine.

ウォッカをラッパ飲みしたんだ。
I drank vodka from the bottle.

お酒に弱いんです。
I <u>can't</u> hold my liquor.

強い
can

強いお酒は体に合わなくて。
Hard liquor doesn't agree with me.

あいつはビール一杯でほろ酔い加減になる。
He gets tipsy on one beer.

あの子はワイン一杯でエッチになる。
She gets amorous with a glass of wine.

お酒は適度に飲みます。
I'm a moderate drinker.

大酒飲み。
He drinks a lot.

ペースを加減して飲まなきゃ駄目よ。
You have to pace yourself.

ちょっと外の空気を吸ってくる。
I'll go get some fresh air.

彼、トイレでつぶれてるかもよ？
He may be passed out in the bathroom.

ここで吐かないでね。
Please do not throw up in here.

もらさないでよ。
Don't wet your pants.

あいつをこんなに飲ませたのは誰だ？
Who made him drink so much?

しまった！ 終電を逃したよ。
Oh, no! I've missed the last train.

ちょっとは酔いが醒めた？
Are you sobered up a bit?

僕はしらふだよ。
I'm sober.

床で酔いつぶれちゃった。
He flaked out on the floor.

妻の怒りの形相に、酔いが一気に醒めた。
My wife's thunder look sobered me up in an instant.

06 二日酔い

- ▶ **hangover** 二日酔い
- ▶ **mix ... and ～** ...と～をちゃんぽんで飲む
- ▶ **black out** 記憶が飛ぶ

ひどい二日酔いだ。
I have a terrible hangover.

またなの？
Not again.

いつになったら分かるのよ。
When will you ever learn?

後で聞くよ。
I'll listen later.

たのむ。今はやめてくれ。
Please. Not now.

お水を一杯、持ってきてあげる。
I'll get you a glass of water.

いつかアル中になるわよ。
One day you'll end up being an alcoholic.

頭がグルグルしてる。
My head is spinning.

喉元にぐっとこみ上げてくるのが分かる。
I can feel it coming up in my throat.

幻覚が見える。
I see visions.

二日酔いには何が一番効くの？
What's the best hangover relief?

ビールとワインのちゃんぽんってのは、良くなかったね。
It was a bad idea to mix beer and wine.

昨日の夜、飲み過ぎて記憶が飛んでしまった。
I blacked out last night from drinking too much.

もう二度と飲まないぞ。
I will never drink again.

また言ってるよ。
There you go again.

★酒は百薬の長

諺は、古くから伝えられた普遍の知恵。会話やメールに一言添えてみましょう。

楽しいお酒が、何よりのストレス解消という方は多いのでは？

Good wine makes good blood. 酒は百薬の長。

Laughter is the best medicine. 笑いは百薬の長。

気分良く飲んで、気持ち良くお開きといきたいところです。

All good things come to an end. すべての良いことには終わりがある。

All is well that ends well. 終わり良ければすべて良し。

飲みすぎて二日酔い、なんてことになりませんように。

Experience is the teacher of fools. 経験は愚か者の師。

A good medicine tastes bitter. 良薬口に苦し。

Health is better than wealth. 健康は富に勝る。

9

酒

適量のお酒は、人間関係の潤滑油。ちょっとお酒が入ると、舌も滑らかになって、英語も出やすくなるという嬉しいおまけ付き。楽しい仲間と、おいしいお酒を飲みましょう。そんなときに使えるちょっとした一言を知っておけば、よりいっそう気分良く楽しむことができます。お酒の種類ごとに、よく使われる表現がありますので、まずは好きなお酒から学んでいくのがいいでしょう。

01 ビール

- ▸ one's thing　〜の趣味に合う、得意である
- ▸ ice-cold　キンキンに冷えた
- ▸ beer belly　ビール腹
- ▸ vending machine　自動販売機
- ▸ low malt beer　低モルトビール、発泡酒
- ▸ alcohol-free　ノンアルコールの

ビール飲む？
Wanna beer?

生ビール大好き。
I love draft beer.

僕はビール党。
Beer is my thing.

クリーミーな黒ビールなんてどう？
How about creamy dark beer?

風呂あがりに、キンキンに冷えたバドワイザー。
これぞ天国！
An ice-cold Bud after a bath.　　Bud = Budweiser
This is heaven!

冷蔵庫にはいつもビールを常備。
I always keep beers in my fridge.

僕の家には生ビールのサーバーがあるんだぜ。
I have a draft beer dispenser at home.

僕のビール、泡が多すぎ。
I've got too much foam in my beer.

こんもりクリーミーな泡が、一杯のビールをうまくするんだ。
Thick creamy foam makes a beer good.

きれいな水がうまいビールを作る。
Pure water makes good beer.

何かつまみある？
Do you have any snacks?

このビール腹をなくしたい。
I want to get rid of this beer belly.

ビールの銘柄はどこが好き？
What brand of beer do you like?

自販機でビールを買った。
I bought a beer from a vending machine.

酒屋に缶ビールを1ケース注文した。
I ordered a case of <u>canned beer</u> from a liquor shop.

瓶ビール
bottled beer

発泡酒は低モルトのビールと言っていい。
Happoshu can be described as low malt beer.

ビールとほとんど変わらないくらいうまい。
They taste almost as good as real beer.

このノンアルビール、悪くないよ。
This alcohol-free beer is not bad.

っていうか、意外とうまい。
Actually, it's unexpectedly good.

02 ワイン

- ‣ **vintage year** 当たり年、秀作年
- ‣ **age** 熟成する、年をとる
- ‣ **birthyear** 生まれ年
- ‣ **sweet/dry** 甘口／辛口
- ‣ **by the glass** グラス単位で

僕らはワイン愛好家。
We are wine lovers.

これはすばらしいワインだ。
This is a splendid wine.

これはどこのワインですか？
Where is this wine from?

1999年のフランスワインはいいですか？
Is 1999 a great year for French wine?

イタリアワインの当たり年ですよ。
It's a vintage year for Italian wine.

そのワインは10年以上、熟成されている。
The wine has aged for more than 10 years.

自分が生まれた年のワインを持ってるわ。
I have a wine made in my birthyear.

彼は大事なワインを暗く涼しいセラーに保管している。
He stores his precious wines in a cool dark cellar.

ワインとチーズはとてもよく合う。
Wine and cheese go together beautifully.

ワインテイスティングに行ってきた。
I went to a wine tasting.

甘口の赤ワインを探しています。
I'm looking for a sweet red wine.

あまり辛口すぎないのがいい。
I want one not too dry.

ワインリストを見せてください。
May I see the wine list?

グラスで注文できますか？
May I order wine by the glass?

ワインには詳しくないんです。
I'm not an expert on wine.

私に選んでくれませんか？
Would you pick one for me?

ソムリエはシャブリを薦めた。
The sommelier recommended Chablis.

このワインには、どんな料理が合いますか？
What kind of food does this wine go well with?

フランス、チリ、イタリア、カリフォルニア…。ワインはどこのが好き？
France, Chili, Italy, California... Where do you prefer your wine to be from?

フルボディのワインは、濃い、風味がある、深い、
強いなんて表現をするね。
Full bodied wines are often described ライトボディの light bodied
as thick, rich, dense, or strong.

03 ウィスキー・ブランデー・カクテル

Track 63

▶ on the rocks　オンザロックで
▶ weak/strong　（酒や茶、コーヒーなどが）薄い／濃い
▶ spike　（ノンアルコールの飲み物に）酒を入れる
▶ citrussy　柑橘系の色、匂い、味がする

スコッチの水割りをください。
Scotch and water, please.

ウィスキーはオンザロックにしますか？
Would you like your whiskey on the rocks?

ストレートで。
I'll drink it straight.

私に薄い水割りを作ってくれる？
Can you make me weak whiskey and water?

私のは濃くしてください。
Please make mine strong.

ハイボール人気が復活したよね。
The highball has made a comeback.

ウィスキーやウォッカなど、強い酒は飲まないんです。
I don't drink hard liquor like whiskey or vodka.

コーヒーにウィスキーをたらした。
She added some whiskey to her coffee.

ブランデー入りの熱い紅茶が飲みたいわ。
I want a cup of hot brandy-spiked tea.

気分を落ち着かせる香りがするね。
It has a soothing aroma.

ブランデーを飲むと、リラックスして眠りに誘われる。
A glass of brandy relaxes me and helps me to sleep.

家でカクテルを作るのを楽しんでる。
I enjoy making cocktails at home.

しゃれたカクテルが欲しい場面って、あるよね。
Some occasions just call for nice cocktails.

ノンアルのカクテルはモクテルと呼ばれる。
Non-alcoholic cocktails are called mocktails.

これは軽くて、柑橘系で、シュワッとしてる。
This one is light, citrussy, and fizzy.

これは女性が好きそう。
Women would love this.

04 日本酒・焼酎

- ▸ recent　最近の
- ▸ sip　一口すする
- ▸ religious　宗教的な
- ▸ ritual　儀式
- ▸ purification　浄化
- ▸ mix with ...　（飲み物を）〜で割る

うまい酒は、水のように喉を流れる。
Good sake flows down the throat like water.

酒とは、米を醸造した日本のアルコール飲料。
Sake is a Japanese alcoholic beverage brewed from rice.

米のワインと呼ばれることもある。
It's also called rice wine.

焼酎は一般的に麦か芋から作られる。
Shochu is commonly made from barley or potato.

酒は、ワインのような熟成はしない。
Sake doesn't age well like wine does.

酒は新しいほどいい。
The most recent sake is the best.

注ぎたされる前に、一口飲むんだよ。
Sip before the cup is filled again.

酒は温めて出されることが多い。
Sake tends to be served warm.

温かくて、熱くない程度がうまい。
It tastes better at a warm, not so hot temperature.

宗教的な儀式の一環として飲まれることも多い。
It's often drunk as part of religious rituals.

酒と塩は、お清めによく使われる。
Sake and salt are often used for purification.

伝統的な飲み方では、酒を水や他のフレーバーで割ることはない。
Traditionally, we don't mix sake with water or other flavorings.

発泡日本酒は日本のシャンパンと称される。
Sparkling sake is described as Japanese champagne.

にごりさけは、日本で「にごりざけ」と呼ばれていて、あまり濾過されていない、にごった酒だ。

Nigori sake, actually called "nigorizake" in Japan, is roughly filtered, cloudy sake.

＊ nigorizake では酒と認識されづらく、nigori sake がよく使われる。

まあ、うんちくはこれくらいで。

Well, enough of my lecture.

焼酎を割る水とレモンがほしいな。

I want some water and lemon slices to mix with shochu.

★ところ変われば… 意外な飲み方・食べ方

アメリカの和食レストランでウェイトレスのアルバイトをしていた頃、決まって言われることがありました。

It's not hot.（人肌温度の熱燗）

It's not cooked well enough.（赤みが残ったステーキ）

Can I have some sugar?（麦茶）

地方（ニューハンプシャー州）だったせいかもしれません。大都会と違い、本場の日本食に親しんでいるお客さんにはお目にかかりませんでした。

温めるならば火傷するほど熱く。火を通すなら完全に。飲み物は甘くなきゃ。それが、アメリカ流のようでした。

白いご飯に、サラサラサラとお砂糖をかけて、おかずなしで召し上がった方も。

「ああ、もったいない」と横目に見ながら、当時の私は自分に言い聞かせていました。

こちらの流儀をおしつけるなんて、野暮なこと。おいしく召し上がっていただけることが大切、と。

10

日本

日本特有の文化や習慣に関する英語表現は、当然ながら、なかなかネイティブから学ぶ機会がありません。自力で知識を仕入れて披露すれば、喜ばれます。

01 温泉

- ▶ **hot spring resort** 温泉地
- ▶ **open-air bath** 露天風呂
- ▶ **milky white** 乳白色 ↔ **clear** 透明
- ▶ **have ... to oneself** 〜を独り占めにする
- ▶ **naked** 裸の
- ▶ **benefit** 利点、利得
- ▶ **thoroughly** 完全に

僕たち温泉に行くんだ。
We are going to a hot spring resort.

部屋には露天風呂がついてる。
Our room has an open-air bath.

お湯は乳白色。
The water is <u>milky white</u>.

透明
clear

日本には天然の温泉が多い。
There are many natural hot springs in Japan.

温泉に長く浸かりすぎたみたい。
I think I soaked in the hot spring too long.

他には誰もいなくて、貸切状態だったよ。
There was no one there and we had it to ourselves.

お湯に浸かって日本酒を飲むのって、いいよね。
Isn't that nice to sip sake in a hot tub?

すごくのんびりできる。
It's so relaxing.

日本の温泉は、裸で入るの。
Japanese hot springs are enjoyed naked.

温泉の水には鉱物が含まれているんだ。
Hot spring water contains minerals.

それぞれの鉱物に、健康効果があるのよ。
Different minerals provide different health benefits.

男性と女性は、たいてい別になっているけど、一緒の場合もある。
Men and women are usually separated, but sometimes mixed.

浴槽に入る前に、体をちゃんと流してね。
Rinse your body thoroughly before you enter the tub.

タオルは湯船に入れないで。
Keep the towel out of the tub.

02 着物・浴衣

- **gracefully** 優雅に、奥ゆかしく
- **dresser** 着付け師
- **flower pattern** 花柄
- **get one's hair done** 髪をセットしてもらう
- **Coming-of-Age Day** 成人式
- **fireworks display** 花火大会
- **literally** 文字通りに

着物は、日本の伝統的なドレスよ。
Kimono is a traditional Japanese dress.

着物、大好き。とてもゴージャス。
I love kimono. It's very gorgeous.

とてもきついけど、女性はゆっくりしとやかに振る舞うようになるの。
It's so tight, but it makes a woman move slowly and gracefully.

着付け師を頼むことにするわ。
I'll hire a dresser.

背中で幅の広いベルトを結ぶの。帯と呼ばれるものよ。
You tie a wide belt in the back. The belt is called obi.

息をするのもやっとだわ。
I can hardly breathe.

鮮やかな着物でめかしこんだの。
I got dressed up in a bright kimono.

この花柄が気に入ってる。
I like this flower pattern.

着物を着れば、私だってきれいに見える。
Even I can look pretty in kimono.

日本髪を結ったのよ。
I got my hair done in the Japanese style.

振袖は、独身女性が着るフォーマルな着物。
Furisode is a formal kimono for single women.

父が、成人の祝いに振袖を買ってくれたの。
My father bought me a furisode to celebrate my Coming-of-Age Day.

着物に合わせた小物を全部買わないと。
You have to buy all the accessories to go with the kimono.

浴衣は、綿でできた軽くてカジュアルな着物。
Yukata is a casual light cotton kimono.

着物と違って、楽で軽い。
Unlike kimono, they're comfortable and light.

浴衣で花火大会に行きたいな。
I want to go to the fireworks display in yukata.

日本の宿では、お風呂あがりに浴衣を着るの。
We wear yukata after the bath in Japanese-style inns.

浴衣は、お風呂の衣服という意味なんだよ。
Yukata literally means bath clothing.

- ‣ **be used to ...ing** 〜に慣れている
- ‣ **kill** ひどく傷む、つらい
- ‣ **can't feel one's legs** 足がしびれる、感覚がない

和室って、いいよね。
Tatami rooms are cool.

新しい畳はいい匂いがする。
The smell of fresh tatami is wonderful.

畳は稲藁で作られているんだ。
Tatami mats are made of rice straw.

日本の伝統的な床だね。
It's the traditional Japanese way of flooring.

畳の床では、靴もスリッパも履かないよ。
You don't wear shoes or slippers on the tatami floor.

畳は、基本的に3フィート×6フィートの大きさ。
Tatami mats are basically three by six feet.

床にひざまずいて、かかとの上に座るんだ。
Kneel on the floor and sit back on your heels.

正座するのには慣れてない。
I'm not used to sitting in seiza style.

正座したら、足が痛くて。
Sitting in seiza kills my feet.

足がしびれちゃった。
I can't feel my legs.

脚を伸ばしていいよ。
You can stretch out your legs.

04 印鑑

Track 68

▸ **signature** 署名
▸ **abolish**（法律や制度を）廃止する
▸ **thumbprint** 拇印
▸ **personal seal / registered seal** 認印／実印
▸ **certificate of seal impression** 印鑑証明
▸ **have one's seal registered** 印鑑登録をする

判子は私たちがサインのかわりに使うものです。
A hanko is a name seal we use instead of a signature.

判子は廃止される方向だ。
"Hanko" personal seals are to be abolished.

慣行として、重要書類では判子が未だに必要とされることがある。
Seals are still required on some important documents as common practice.

ここに判をお願いします。
I need your seal here.

印鑑でなくては駄目です。
Only seals are acceptable.

拇印で結構です。
Thumbprints will do.

ゴム印
rubber stamps

朱肉はそこです。
An ink pad is right there.

全部に押すんですか？
Should I put it on each one of them?

あっ、判子の場所を間違えた。
Oops! I set my seal in the wrong place.

印鑑を2つ持っています。1つは認め印で、1つは実印。
I have two seals. One is a personal seal, and the other is a registered seal.

印鑑証明書を取って来るように。
Obtain a certificate of seal impression.

まず、印鑑登録をしないとね。
First, you have to have your seal registered.

05 日本食

- **chopsticks** 箸
- **poke** 突く
- **vinegared rice** 酢飯
- **seaweed** 海草
- **cuisine** 料理、料理法
- **fermented** 発酵した
- **soybean(paste)** 大豆（味噌）

⑩日本

箸の使い方をお見せしましょう。
I'll show you how to use chopsticks.

食べ物を突き刺すのは、行儀が悪い。
It's not polite to poke through the food.

箸の使い方が上手ですね。
You are very good at using chopsticks.

寿司は、魚介類や卵をトッピングした酢飯でできている。
Sushi is made of vinegared rice with a topping of fish, seafood, or egg.

その緑色のペーストは、わさびといって、日本のホースラディッシュなんだ。
The green paste is Japanese horseradish called wasabi.

その黒く薄いシートは、海苔といって、乾燥した海草でできている。
The dark thin sheet is nori which is made of dried seaweed.

緑茶は体にとても良いと言われているよ。
Green tea is said to have many health benefits.

抗菌効果があって、コレステロール値も下がるんだ。
It fights viruses and even lowers your cholesterol.

醤油は、日本料理でとても重要な調味料なの。
Soy sauce is a very important flavoring in Japanese cuisine.

味噌は、発酵した大豆のペーストなんだ。
Miso is fermented soybean paste.

あまり魅力的に聞こえないけど、実はおいしいよ。
It doesn't sound very appealing, but it actually tastes good.

06 正月

Track 70

- ‣ **major house cleaning** 大掃除
- ‣ **New Year** 元日、新年
- ‣ **New Year's Eve** 大晦日
- ‣ **year-crossing** 年越しの
- ‣ **sticky** 粘着性のある、べたべたする
- ‣ **rice cake** 餅

新年を新鮮で神聖な気持ちで迎えられるよう、私たちは家の大掃除をする。
We do the major house cleaning to welcome the New Year with fresh and serene minds.

大晦日の夜は、年越しそばを食べるのよ。
On New Year's Eve, we eat year-crossing noodles at night.

日本では、お正月のイベントは広く祝われ、楽しまれているんだ。
The New Year's events are widely celebrated and enjoyed in Japan.

お正月は日本で最も重要な祝日だね。
New Year is the most important holiday in Japan.

新年は、新たな始まりって感じがする。
New Year gives a sense of renewal.

餅は、日本のお米を固めたベタベタしたものよ。
Mochi is Japanese sticky rice cake.

餅は、新年の伝統的な食べ物なの。
Mochi is a traditional food for the New Year.

元旦には、餅の入ったスープ「雑煮」を食べるんだ。
We eat zoni, a soup with rice cake, on New Year's Day.

おせちは、新年を祝うために家庭で用意される特別な食べ物なんだ。
Osechi is the special food cooked at home to celebrate the New Year.

それぞれの料理に意味があるの。
Each dish has a particular meaning.

しめ飾りは、日本の伝統的なお正月の飾りで、玄関のドアにかけるものだよ。
Shimekazari is a traditional Japanese New Year's ornament to be hung on the front door.

人々は神社へ行って、安全と幸せと健康を祈るんだ。
People go to a shrine to pray for safety, happiness, and good health.

11

仕事

不本意ながら、英語が必要になった。そんなケースの多くが、仕事がらみでしょう。できるだけシンプルな表現で、正確に伝えたいものです。行く先々で説明を求められることが多いため、自分の仕事内容や職場環境について、一通り説明できるよう用意しておくとスムーズです。社交が苦手な人は、仕事の話をすることで間が持つということもあるでしょう。

01 職業

- ▸ stock control　在庫管理
- ▸ clerical work/position　事務処理／事務職
- ▸ work part-time　パート・アルバイトとして働く
- ▸ work for ...　〜社で働く
- ▸ department　部門、部、課、局

自営業です。
I'm self-employed.

自営業です。
I have my own business.

教師です。
I'm a teacher.

公務員です。
I'm a public worker.

国家公務員／地方公務員
national government worker /
local government worker

百貨店で働いています。
I work at a department store.

物流業界で働いています。
I work in the logistics industry.

マーケティングの仕事をしています。
I'm in marketing.

花屋を経営しています。
I run a flower shop.

仕入れ責任者です。
I'm in charge of stock control.

システム開発プロジェクトに取り組んでいます。
I'm working on a system development project.

事務の仕事をしています。
I do <u>clerical</u> work in an office.

経理事務
accounting

AAA コンピューターズのカスタマーサービス部員です。
I'm a <u>customer service</u> representative with AAA Computers.

販売員
sales

アルバイトでコンビニの店員をしています。
I work part-time as a store clerk at a convenience store.

ブラウン氏のアシスタントです。
I am an assistant to Mr. Brown.

経理課（経理部）の課長（部長）をしています。
I head the accounts team.

ABC カンパニーに勤めています。
I work for ABC Company.

XYZ カンパニーに勤めています。
I'm with XYZ Company.

彼は有名な投資会社の部長です。

He is a manager of a famous investing company.

ABC 百貨店の人事部に勤務しています。

**I work in the personnel <u>department</u>
at ABC Department Store.**

部門 / 課
division / section

仕事を探しているところ。

I'm looking for a job.

転職しようかと思案中。

I'm thinking about changing jobs.

事務職に応募した。

I applied for a clerical position.

★職種　I'm a ...

sales clerk 店員　banker 銀行員　factory worker 工場労働者
beautician 美容師　barber 理容師　masseur マッサージ師
scientist 科学者　police officer 警察官　taxi driver タクシー運転手
chef シェフ　waitress/waiter ウェイトレス／ウェイター
administrative assistant 一般事務員　secretary 秘書
flight attendant 客室乗務員　doctor 医師　dentist 歯科医
medical assistant 医療助手　dental assistant 歯科助手
nurse 看護師　architect 建築家　carpenter 大工
plumber 配管工　electrician 電気技師　craftsman 工芸家
mechanic 整備士・修理工　system engineer システムエンジニア
network technician ネットワーク技術者
writer ライター・作家　editor 編集者
translator 翻訳家・通訳　interpreter 通訳

★店　I work at a ... / I run a ...

bakery パン屋　**flower shop** 花屋　**supermarket** スーパー
post office 郵便局　**coffee shop** 喫茶店　**bank** 銀行
book store 本屋　**grocery store** 食料雑貨店
stationery shop　文房具店

★業務　I'm in ...

software development ソフトウェア開発　**accounting** 経理
finance 財務　**advertising** 広告　**public relations** 広報
arts 芸術　**publishing** 出版　**banking** 銀行
construction 建設　**education** 教育　**engineering** 工学技術
health care 医療　**human resources** 人材・人事
insurance 保険　**management consulting** 経営コンサルティング
manufacturing 製造　**real estate** 不動産
food service 食品サービス　**telecommunications** 電気通信
biotechnology バイオテクノロジー
government service 政府サービス

★業界　I'm in ... business/industry.

computer コンピューター　**apparel** アパレル　**print** 印刷
music 音楽　**electric appliance** 家電　**cosmetics** 化粧品
entertainment 芸能　**tourism** 観光　**food** 食品　**toy** 玩具
cell phone 携帯電話　**ad** 広告　**airline** 航空
motor vehicle 自動車　**telecom** 通信　**health care**　医療

★製造業者　We are a ... maker/manufacturer.

consumer-electronics 家電　**clothing** 衣服　**food** 食品
confectionery 菓子　**automobile** 自動車
semiconductor 半導体　**internet appliances** インターネット機器
musical instrument 楽器　**medical equipment** 医療機器

02 企業

- **wholesaler/retailer** 卸売業者／小売業者
- **maker/manufacturer** 製造業者
- **peripheral** 周辺機器
- **capital** 資本、資本の
- **headquarters** 本社、本部
- **part-timer** パートタイマー
- **megacorporation** 巨大企業
- **sales base** 営業拠点
- **increase in sales** 売上増加

我々は卸売業者です。
We are a <u>wholesaler</u>.

小売業者／コンサルティング会社／商社
retailer / consulting company / trading company

我々は家電機器のメーカーです。
We are a home electronics maker.

小売業者に女性服を販売しています。
We sell women's clothing to retailers.

その会社はパソコンと周辺機器をオフィスに供給している。
The company supplies offices with personal computers and peripherals.

その会社はソフトウェア製品の設計と販売を行っています。
The company designs and distributes software products.

我々は様々なビジネスに対応する IT ソリューションを提供しています。
We provide IT solutions for various businesses.

アメリカ資本の会社です。
It is an American capital company.

韓国に拠点を置いています。
We are based in Korea.

本社はニューヨーク。
Our headquarters are in New York.

イギリス中、どこでも商品を供給しています。
We supply anywhere in the UK.

関東地域にてサービスを提供しています。
We provide service in the Kanto region.

パートを含めて約300人の従業員がいる。
We have about 300 employees including part-timers.

IBM は巨大企業だ。
IBM is a megacorporation.

ABC フードは国内でトップの食材業者だ。
ABC Foods are the No.1 food supplier in the country.

当社の営業拠点は、日本、香港、台湾をカバーしています。
Our sales base covers Japan, Hong Kong, and Taiwan.

我々はゲームソフトの分野で急速に売上を伸ばしています。
We've been making a remarkable increase in sales in the field of gaming software.

03 勤続

- **have a long career in ...**　〜で長い経験がある
- **telecommunications**　電気通信
- **field**　（作業、取引、業務が行われている）現場、現地
- **back in business**　仕事に戻る、営業再開する

1999年からこの会社にいます。
I've been with the company since 1999.

彼はここに10年勤めている。
He has been working here for ten years.

もう30年もこの仕事をしているんです。
I've been in business for 30 years.

広告業界での長い経験があります。
I have a long career in the advertising industry.

飲食料品業界で15年の経験があります。
I have 15 years of experience in the food and beverage industry.

分野
field

ABC スタジオでグラフィックデザイナーとして4年間働いてきた。
I have worked as a graphic designer at ABC Studios for four years.

大学生の頃から電気通信に興味があった。
I have been interested in telecommunications since I was in college.

ABC カンパニーにどれくらいお勤めですか？
How long have you been with ABC Company?

この工場には2002年に来ました。
I came to this factory in 2002.

業界にはずいぶん詳しくなりましたよ。
I have become quite knowledgeable about the industry.

私はここで人生のすべてを過ごした。従業員は家族みたいなもの。
All my life was spent here. The workers are like my family.

彼は、この会社で最も長く勤めている社員の1人。
He is one of our longest serving employees.

⑪仕事

しばらく現場を離れていました。
I had been out of the field for a while.

復帰したんです。
Now I'm back in business.

いったん定年退職して、嘱託として再雇用されました。
I once retired, and was rehired as a part-time employee.

04 派遣・契約社員

- ▸ **temp** 派遣社員（temporary worker/staff の略）
- ▸ **up** （時間、期限などが）切れて、終わりで
- ▸ **summon** 〜を招集する
- ▸ **regular employee** 正規従業員、正社員
- ▸ **temp agency** 派遣会社
- ▸ **contract factory worker** 期間工
- ▸ **anxiety** 不安

派遣社員です。
I'm a temp.

契約社員です。
I'm a contract employee.

1年ごとの契約だ。
I'm on a <u>year-to-year contract</u>.

2年契約
2-year contract

半年間の内勤の仕事をオファーされた。
I was offered a 6-month job in an office.

3月に契約が切れる。
My contract will be up in March.

契約延長の話をするため、上司が私を呼び出した。
My boss summoned me to discuss my contract extension.

正社員になりたい。
I want to be a regular employee.

試用期間中です。
I'm on probation.

いくつかの派遣会社に登録しようかと思っている。
I'm thinking of signing up with some temp agencies.

期間工の仕事を探している。
I'm looking for a contract factory worker job.

新しい人達との出会いがあるから、私は派遣社員でいるのが好き。
I like being a temp as I get to meet new people.

任務終了の不安がつきものだ。
There is always the anxiety about the end of the assignment.

派遣だったときは、誰もあまり親しくしてくれなかった。
When I was a temp, no one was really friendly toward me.

いいお金になった。
It was good money.

正社員のオファーを受けた。
I got offered a permanent role.

05 仕事内容

⑴内勤

- ▶ **maintain calendars** スケジュール管理をする
- ▶ **record keeping system** 記録保管システム
- ▶ **memorandum** メモ、覚書
- ▶ **shift management** シフト管理
- ▶ **petty cash fund** 小口現金
- ▶ **close the books** 帳簿を締める、決算する
- ▶ **closing statement** 決算報告書
- ▶ **basic/expert knowledge of ...** 〜の基礎／専門知識
- ▶ **bookkeeping** 経理、簿記
- ▶ **voice** 発言権
- ▶ **tea lady/girl** お茶くみの女の子
- ▶ **errand runner** 使い走り

電話応対や来客の受付をしています。
I answer telephones and receive visitors.

アポの受付、スケジュール管理をしています。
I schedule appointments and maintain calendars.

ミーティングやイベントの設定や管理をしています。
I arrange and coordinate meetings and events.

機密ファイルや記録保管システムを管理しています。
I keep confidential files and recordkeeping systems.

さまざまな資料を作成しています。たとえば、覚書、報告書、チャート、スプレッドシートなど。
I prepare a variety of documents such as memorandums, reports, charts, and spreadsheets.

シフト管理とスタッフのスケジューリングを担当しています。
I take care of shift management and staff scheduling.

小口現金の管理をしています。
I keep the petty cash fund.

私たちは、決算処理をして、決算報告書を作成します。
We close the books and prepare closing statements.

会計の専門知識が要求されます。
It requires expert knowledge of accounting.

私の仕事には、事務、データ入力、簿記などが含まれます。
My job includes clerical work, data entry, and bookkeeping.

基本的なコンピュータースキルは持っています。
I have basic computer skills.

ワードとエクセルとパワーポイントの経験があります。
I have experience with MS Word, Excel, and PowerPoint.

一日中、パソコンの前にいるわ。
I sit in front of the computer all day.

いつも課のみんなの助けになりたいと思っている。
I always try to be supportive of my section members.

だからといって私はあなたのお茶くみ係じゃないの。
That doesn't mean I'm your tea lady.

僕は経営に口を出せる立場ではない。
I have no voice in <u>management</u>.

マーケティング／財務／人事
marketing / finance / personnel affairs

上司のおつかいをしている。
I run errands for the boss.

今のところ、ただの使い走りです。
I'm just an errand runner for now.

---

(2)接客

Track 76

- ▶ **well organized** きちんとまとまって、整理されて、組織化されて
- ▶ **by reflex** 反射的に
- ▶ **over-friendly** 親しげにし過ぎる、馴れ馴れしい
- ▶ **have a reputation for ...** 〜に定評がある
- ▶ **fake** 偽の、やらせの、〇〇っぽい

私は受付にいて、最上の笑顔でお客様を迎えます。
I meet guests with my best smile at the reception desk.

お客さんが探しているものを見つける手伝いをします。
I help customers find what they are looking for.

お客さんのためにいろいろな手配をします。
I make various arrangements for customers.

皆さんが休暇の計画を立てるお手伝いをします。
I assist people with <u>planning their vacations</u>.

宿を探す／キャリア計画を練る
finding lodging / building their career plans

清潔できれいな、整理の行き届いたお店に保ちます。
I keep the store clean, dusted, and well organized.

話しかけてくる人すべてに、反射的に微笑んでしまうのよね。
I smile by reflex to anybody who talks to me.

馴れ馴れしくならないよう気をつけているよ。
I try not to be <u>over-friendly</u>.

愛想が悪く
unfriendly

彼は気持ちの良いマナーの持ち主だね。
He has pleasant manners.

彼は気難しい客の対応に定評がある。
He has a reputation for handling difficult customers.

彼女は人をリラックスさせる術を知っている。
She knows how to relax people.

彼の笑顔はまったく嘘っぽい。
His smile is so fake.

レジャー産業は景気の変動に敏感だ。
The leisure industry is highly sensitive to economics.

---

(3)営業

Track 77 🎧

- ▶ **make the rounds** （決まったコース、持ち場を）巡回する
- ▶ **cold call** 勧誘電話、予約なしの訪問販売
- ▶ **potential/prospective client/customer** 潜在的な顧客
- ▶ **return** 返品
- ▶ **middleman** 中間業者、ブローカー
- ▶ **small talk** 雑談、世間話

たいてい営業に出ています。
I'm usually out making the rounds.

かつては毎日売り込みの電話をかけていました。
I used to make cold calls every day.

僕は自分だけの顧客リストを持っている。
I have my own list of clients.

会社が Google に代金を払って、検索結果に広告を表示している。
The company pays Google to display ads in their search results.

我々は顧客や潜在顧客と関わるためにソーシャルメディアを利用している。
We use social media channels to engage with current and potential customers.

E メールを使ったマーケティングはもう古いかもしれない。
Email marketing may be old-school.

顧客満足は非常に重要だ。
Customer satisfaction is very important.

競争は熾烈だ。
The competition is pretty fierce.

うちの顧客になりそうな人に新しい商品を紹介しています。
I introduce new products to our prospective customers.

返品の処理をしています。
I handle returns.

中間業者を排除しました。

We cut out the middlemen.

製品のことや、なぜ当社がそれを扱っているのかを、理解していなくてはならない。

I need to know about our products and the reason we carry them.

彼女はマーケティングのプロだ。

She is a marketing expert.

⑪仕事

生産者と消費者の橋渡しをしたい。

I want to be a bridge between producers and consumers.

座って客を待ってるだけじゃ、どうにもならない。

You can't just sit and wait for customers.

潜在顧客に到達する最善の方法って何だろう。

What is the best way to reach potential clients?

★「客」のいろいろ

client 依頼人（弁護士、医療や福祉事業など、特別なサービスを頼む人）

customer 客、得意先（商店や商社などから物を買う人、レストランなど飲食店を利用する人）

guest 招かれた客、宿泊客（一般家庭への訪問者、ホテルや旅館の宿泊客）

visitor 訪問者（観光地や施設などを訪れる人）

世間話から商談へもっていく良い方法を知りたいよ。

I want to know how to move from small talk to sales talk.

交渉テクニックを磨きたい。

I want to work on my negotiation skills.

彼らは、年度末までにゴールを達成しようと懸命だよ。

They are trying their best to achieve their goal before the fiscal year ends.

⑷製造

Track 78

▶ **struggle** もがく、奮闘する
▶ **alternative** 代替手段、代替案
▶ **producer** 生産者、栽培農家、製作者、プロデューサー
▶ **raw materials** 原料、原材料
▶ **top priority** 最優先事項
▶ **large order** 大口注文
▶ **regulation** 規制
▶ **have pride in ...** 〜に誇りを持つ

我々はコスト削減に励んでいる。

We struggle to cut down on costs.

AI がより低コストな代替手段を提示してくれる。

AI offers a less costly alternative.

生産者から直接仕入れています。

We buy directly from producers.

原材料はタイから輸入しています。

We import raw materials from Thailand.

品質管理は最優先事項の1つ。
Quality control is a top priority.

当社の施設は、清潔で、完全にオートメーション化されています。
Our facility is clean and fully automated.

完成品は工場から直接出荷される。
Finished products are shipped directly from the factory.

大口注文に応えられるだけの在庫を備えている。
We have enough stock to handle a large order.

最近、製品価格を3%引き上げなくてはならなかった。
Recently we had to raise the product price by 3%.

原油コスト上昇が原因だった。
It was due to the increasing cost of oil.

輸送
transportation

会社は工場を海外へ移した。
The company moved factories to overseas.

今や人件費は安くなり、守るべき規制も減っている。
Now they pay people less and have fewer regulations.

組み立て工程の一員として働いています。
I work on an assembly line.

毎日、同じ位置に何時間も立っていなくてはならない。
Every day, I have to stand at the same position for hours.

工場では、何よりも安全が第一。
In the factory safety comes before anything else.

私たちは製品に誇りを持っています。
We have pride in our products.

⑸ IT *Track 79* 🎧

‣ **upkeep**（物を）良い状態に維持すること
‣ **integrate** 〜を〜とまとめる、統合する
‣ **point of contact**（**POC**）連絡先、接点
‣ **under pressure** 圧力をかけられて、追い詰められて

会社のシステム管理者をしています。
I work as the system administrator of the company.

Java と JavaScript の基礎的なプログラミングができます。
I have basic programming skills in Java and JavaScript.

物流のオペレーションシステムを監視しています。
I monitor the logistics operation system.

ウェブサイトのトラフィックパターンと利用者の意見を分析します。
I analyze websites' traffic patterns and users' feedback.

サーバー、データセキュリティシステムの信頼性あるオペレーションと保全に責任を負っている。
I'm responsible for the reliable operation and upkeep of the servers and data security systems.

我々はコンピューターシステムのインストールを計画、設定します。
We plan and install computer systems.

古いデータベースを新しいものに統合した。

We've integrated data from the old database into the new one.

我々はコンピューターに関するさまざまな問題を解決する。

We troubleshoot various computer issues.

何か技術的な問題があったとき、最初に連絡を受けるのが私だ。

I'm the first point of contact for any technical problems.

彼らは時々、理不尽にきつく当たってくる。

They're sometimes unreasonably harsh on us.

我々はいつも時間的なプレッシャーにさらされている。

We're always under the time pressure.

それは仕様です。バグではありません。

It's a feature, not a bug.

---

(6)経営

Track 80 🎧

▸ entrepreneur　企業家、起業家、興行主
▸ work environment　職場環境、作業環境、労働環境
▸ daily management　日常管理、通常の運営
▸ carrot and stick　アメとムチ（馬への「ニンジンとムチ」が元）

経営者とは孤独なもの。

Business owners are always lonely.

彼は若き企業家だ。

He is a young entrepreneur.

私には従業員たちとその家族の生活に対する責任がある。

I'm responsible for my employees and their families' lives.

私の仕事は、才能あるスタッフに良い仕事環境を用意してやることだ。

My job is to prepare a good work environment for my talented staff.

私はいつも、最初に出勤して、最後に退社する。

I'm the first one to get to the office and the last one to leave.

日々のマネージメントは専務に任せています。

I leave the daily management to the managing director.

すばらしい従業員に恵まれている。

I'm blessed with great employees.

私は経済と文化の両方の面から物事を見るようにしている。

I see things from an economic perspective and also from a cultural perspective.

経営者は決断が早くなくては。

Business owners have to make decisions quickly.

従業員の要求にあまりに敏感すぎるのは良くないね。

You shouldn't be too sensitive to your employees' needs.

アメとムチってやつだよ、な。

It's "carrot and stick," you know?

(7) フリーランス

- ▸ **work from home** 自宅にいながらインターネットで外部と
  つながって仕事をする
- ▸ **go independent/freelance** 独立する／フリーになる
- ▸ **family business** 家業
- ▸ **disciplined** 厳しくしつけられた、訓練された、規律ある
- ▸ **regular income** 定収入
- ▸ **what it takes to ...** 〜をする上で必要なもの
- ▸ **business contact** 業務上のコネ
- ▸ **tax return** 確定申告、所税申告

フリーの通訳です。
I'm a freelance translator.

⑪
仕
事

基本的にフリーで編集者として働いています。
I work as an editor on a freelance basis.

僕はフリーのウェブデザイナーになったばかり。
I just got started as a freelance web designer.

家で仕事をしています。
I work at home.

在宅でインターネットを使って仕事をしてるの？
Do you work from home?

独立したい。
I want to go independent.

完全にフリーになることを決めたよ。
I've decided to go completely freelance.

彼は家業を継いだ。
He took over the family business.

本当に自制心のある人じゃないとね。
You really need to be self-disciplined.

定期的な収入にサヨナラしたのさ。
I waved goodbye to the regular income.

いつお金を払ってもらえるんだろうな。
When will I get paid?

彼女は業界でやっていけるだけの何かを持った人だよ。
She has what it takes to make it in the field.

新しい顧客1人1人に何度も自分を売り込まなきゃならない。
You have to sell yourself over and over to each new client.

いいコネを持ってることって、すごく大事なんだよね。
It's very important to have excellent business contacts.

確定申告（所得税申告）をしなきゃ。面倒くさい！
I have to file my tax return. What a pain!

★役職　I'm a/the …

section chief 課長　**manager** 部長

branch manager 支店長　**board member** 役員

managing director / **senior managing director** / **executive director** /**executive managing director** 常務、専務

(vice-) president （副）社長

CEO（**chief executive officer**）最高経営責任者・代表執行役

CFO（**chief financial officer**）最高財務責任者

chairman（**of the board**）会長

※専務および常務はさまざまな英訳が可能であり、会社によって異なる。常務を **managing director** とした場合は、専務を **senior managing director** とする等、差をつける。

★部・課　I'm in … division/department/section.

accounting 経理　**marketing and sales** 販売・営業

personnel 人事　**general affairs** 総務

research & development（**R & D**）研究開発

public relations 広報

06 仕事の感想

Track 82

- **in one's own way** 〜なりに
- **challenging** 手腕を問われる、やり甲斐のある
- **demanding** 要求の厳しい、注文の難しい
- **feel dissatisfied** 不満を感じる
- **stepping stone** 足がかり、布石
- **3D** 3K＝危険、きつい、汚い（**dangerous**、**demanding**、**dirty** の頭文字）

ものすごくキツそう。
That sounds so tough.

すごく楽しんでやってるみたいね。
You really seem to enjoy it.

すごく満足感が得られるでしょうね。
It must give you great satisfaction.

自分の仕事が好きですか？
Do you love what you do?

仕事に満足していますか？
Do you find your job satisfying?

ただの仕事だよ。
It's just something I do.

仕事は気に入ってる。
I like what I do.

222

それなりにやり甲斐はある。
It's challenging in its own way.

やり甲斐も得るものも大きい。
It is surely challenging and rewarding.

楽しく満足の得られる仕事だ。
It is a very enjoyable and satisfying job.

年々要求されるものが大きくなってきた。
It's getting demanding over the years.

人に会うのはとても楽しい。
It's very interesting to meet people.

たまに不満を感じる。
I feel dissatisfied with it once in a while.

いつも何か新しいことが起こっている。
There is always something new happening.

これは次のキャリアゴールへの足がかり。
This is a stepping stone to my next career goal.

3K 仕事の1つだよ。危険、きつい、汚い。
It's one of those 3D occupations: dangerous, demanding, and dirty.

07 昇進

- **promotion** 昇進
- **field guy** 現場の人間
- **turn green with envy** ひどく嫉妬する、嫉妬で顔が緑色になる（気持ち悪くなる、ムカムカする）

昇進したんだ。
I got a promotion.

課長に昇進したんですってね。
I heard you got promoted to section chief.

驚かないよ。（当然のことだから）
I'm not surprised.

彼女は私を差し置いて昇進した。
She was promoted before me.

僕は5年間、肩書きが変わってないよ。
I've been in this position for five years.

部長に昇進なんてしたくなかった。
I never wanted to be promoted to manager.

現場の人間でいるのが幸せなんだ。
I'm happy to be a field guy.

彼らはきっと、ひどく羨ましがるよ。
They will turn green with envy.

なぜ彼が昇進しなかったのか理解できない。
I don't understand why he didn't receive the promotion.

筆記と口頭、両方の昇進試験を受けて、合格した。
I took both the written and oral promotion exams, and passed.

08 解雇・降格

Track 84 🎧

▸ **fire / lay off** 解雇する
▸ **go** いなくなる、消える、クビになる
▸ **demotion（demote）** 降格（させる）
▸ **retirement allowance** 退職金
▸ **early retirement** 早期退職

お前はクビだ。
You are fired.

クビになった。
I got fired.

彼はじきに消えるよ。
He'll be gone sooner or later.

奴に残された日々は残りわずかさ。
His days are numbered.

私は15年勤めた会社から解雇された。
I got laid off after 15 years of service.

予告もなく人をクビにすることはできない。
They can't fire you without warning.

彼は成績不振で降格になった。
He was demoted because of his poor performance.

3人の子供を食わしていかなきゃいけないのに。
I have three kids to feed.

貯金なんて、ほとんどないよ。
I have little money in my bank account.

きちんと説明してもらう権利が、あなたにはあるわ。
You deserve an explanation.

君は納得していないようだね。
You don't look convinced.

それでも雇用主には、君に翌月の給料を払う義務があるよ。
The employer is still liable to pay your next month's salary.

何らかの退職金は出るの？
Do you receive any retirement allowances?

彼女は、降格か早期退職のどちらかを選ばなくてはならなかった。
She had to choose either demotion or early retirement.

私は人としてかなり低く扱われたと感じた。
I felt they were extremely disrespectful of me.

俺は生き抜くぞ。
I will survive.

09 職場の困った奴

- **irresponsible** 無責任な
- **big talk(er)** ほら話、自慢話、大言壮語（をする人）
- **talk off the top of one's head** 思いつきで言う
- **busy work** こまごまとした雑用
- **flatter** ゴマをする、お世辞を言う
- **from hell** とても不快な、最低の、嫌な

彼女とは一緒に働きたくない。
I don't want to work with her.

彼はまったく信用できない。
He is so unreliable.

あいつはいつも文句を言ってばかりだ。
He is always complaining about something.

それはあまりに無責任よ。
That's so irresponsible.

口ばっかりで行動が伴わない奴。
Big talker, little doer.

彼はまったく学習しない。
He never learns.

彼女は何ひとつ最後までできないの。
She can't finish anything.

彼は思いつきだけでものを言うんだ。
He just talks off the top of his head.

事務所の雑用は全部私なのよ。
I have to do all the busy work in the office.

彼はいつも上司に媚びているけど、私たちには挨拶もしない。
He always flatters the boss, but doesn't even say hi to us.

彼女は最悪の同僚ね。
She is a co-worker from hell.

★色のイメージ2：黒い羊、白い象、ピンクの象
　最もイメージが分かりやすい黒と白について、日英の違いを見てみましょう。
　black は、日本でも使われている **black list**、**black humor**、**black joke** などにより、悪、不正、邪といったイメージがおなじみでしょう。**black fate** は「不吉な、不運な運命」。**black sheep** は、「家族や組織の厄介者、面汚し」のこと。白い羊の群れに交じった黒い羊を思い浮かべてください。聖書に **God's Lamb**（神の子羊）という表現があるように、羊はおとなしく縦順な生き物の象徴です。
　white が無垢、正直、誠実、無害を意味するのは、日本語も英語も同じ。**white lie** が「他愛のない嘘、お世辞」を指すのに対し、「たちの悪い嘘」は **black lie** です。かといって、**white** も良いイメージばかりではなく、病や怒りによる「蒼白」も。**white elephant** は、使い道がないのに維持が大変な「無用の長物、厄介な物」のこと。色違いの **pink elephant** になると、酒や麻薬によって起こる「幻覚症状」を指し、**see a pink elephant** で「幻覚を見た」という意味になります。
　同じ色に対する、イメージの一致と違い。比べてみると面白いですね。

10 上司1 (^.^)

- **supervisor** 管理者、上司、監督
- **immediate boss** 直属の上司
- **understanding** 理解がある、思いやりがある
- **autonomy** 自主性、自治権
- **subordinate** 部下
- **work under ...** 〜の下で働く
- **staff** スタッフ、職員（働く人たち全体を指す集合名詞。個々の スタッフは **staff member**）
- **high marks** 良い評価

⑪仕事

新しい上司はどう？
How do you like your new supervisor?

彼は私の直属の上司ではないんです。
He is not my immediate boss.

いい上司だよ。
He is a good supervisor.

すばらしい上司だよ。
She is a great boss.

理想の上司ね。
He is an ideal boss.

ものすごく理解がある。
She is very understanding.

彼女は私たちの自主性を尊重してくれる。
She respects our autonomy.

彼は部下にどんどん仕事を任せる。
He gives his subordinates a lot of responsibility.

彼の下で仕事ができて幸せ。
I'm so happy to work under him.

彼女はいつもスタッフのことを気にかけている。
She always cares about her staff.

彼は部下からの評価が高い。
His subordinates give him high marks.

---

11 上司2 (>_<)

▸ **intimidating** 威圧的な、怯えさせるような
▸ **inflexible** 融通がきかない、柔軟性がない
▸ **incompatible** 両立しない、気が合わない
▸ **ex-** 元〜（**ex-boss**、**ex-wife**、**ex-boyfriend**、**ex-roommate** など）
▸ **motivate** やる気を起こさせる、奮起させる
▸ **essential** 本質的な、不可欠な

すごく要求が厳しいの。
He is very demanding.

＊ **demanding** は、理不尽な要求という意味ではない。難易度の高いこと、時間、労力、気力の必要なことを要求するという意味。

ひどく威圧的なんだよ。
She is so intimidating.

まったく融通がきかない。
He is so inflexible.

僕、上司とうまくいってないんだ。
I have trouble with my boss.

上司は僕のことが嫌いなんだ。
My boss hates me.

彼女は上司と気が合わない。
She is incompatible with her supervisor.

前の上司が恋しいな。
I miss my ex-boss.

やる気を起こさせる術が分かってないんだよ。
She doesn't know how to motivate people.

こんなことを言うのは残念だけど、彼、部下にはあまり人気はないわね。
I'm sorry to say this, but he is not very popular among subordinates.

デイブにはリーダーとして不可欠な何かが欠けていると思う。
I think Dave is missing something essential as a leader.

彼があなたの上司だからって、すべて盲目的に従う必要はないのよ。
You don't have to follow him blindly because he is your supervisor.

12 部下・同僚

> ▶ **efficient** 有能な、腕が立つ、効率的な
> ▶ **co-worker/colleague** 同僚
> ▶ **office politics** 社内政治

彼らは僕のスタッフです。
They are my <u>staff</u>.

同僚／部下
colleagues / subordinates

僕らは同期入社なんだ。
We joined the company in the same year.

私たちは悩みを分かちあえる。
We can share <u>problems</u>.

問題
troubles

彼はとても有能だ。
He is very efficient.

彼女は最も高く評価されているスタッフの1人だ。
She is one of the most valued staff.

彼とはすごく一緒に働きやすい。
He is very <u>easy</u> to work with.

楽しい／難しい
fun / hard

僕らはいいチームだよ。
We are a good team.

私は、同僚としてしか、彼を知らない。
I only know him as a co-worker.

彼は同僚たちとそりが合わない。
He doesn't get along with colleagues.

社内の勢力争いの犠牲者にはなりたくないね。
I don't want to be a victim of office politics.

13 残業

▶ **work/do overtime** 残業する
▶ **overtime request** 残業届
▶ **earn overtime** 残業代を稼ぐ
▶ **order/call out for ...** 〜の出前をとる

今日は残業しなくちゃ。
I have to work overtime today.

残業を減らしたい。
I want to cut down on overtime.

先月は80時間、残業したよ。
I did 80 hours of overtime last month.

誰がタダで残業したいもんか。
Who wants to do overtime without pay?

もしも本当に必要ならば、遅くまで働くのは構わないよ。
I'm willing to work late if it's really necessary.

会社は残業手当を減らした。
The company reduced overtime pay.

残業届、出しました？
Did you submit the overtime request?

ベースの給料がとても低いから、残業で稼がなくちゃならない。
My base salary is so low that I need to earn overtime.

僕は部長になったから、残業してもお金はもらえない。
I became a manager, so I won't be paid extra for overtime.

サービス残業を強制するなんてことできないわよ。
You can't force workers to do unpaid overtime work.

僕ら中華の出前をとるんだけど。何かいる？
We are ordering out for some Chinese food. Do you want something?

お腹すき過ぎ。ピザとろうよ。
I'm too hungry. Let's call out for pizzas.

14 在宅勤務

Track 90

- **ongoing** 行われている、進行している
- **proper** 適切な、きちんとした、ふさわしい
- **absolute** 絶対的な、疑問の余地のない

明日は在宅勤務の予定です。
I'm going to work from home tomorrow.

進行中のプロジェクトの資料を持ち帰った。
I took home some materials from ongoing projects.

クラウドベースのソリューションなしで在宅ワークはできない。
We can't work from home without the cloud-based solution.

朝はまず会社のネットワークにつなぎます。
I sign into the corporate network first thing in the morning.

今日はオフィスに誰がいるの？
Who's in the office today?

私の席に行って、ちょっと見てほしいんですけど、いいですか？
Can you go to my desk and check something for me?

今日は家から出席しています。（会議）
I'm attending from home today.

ラフな格好ですみません。
Please excuse my casual outfit.

休憩中はこちらのマイクを切ります。
I'll mute myself during the break.

最初は、仕事と自由時間を分けるのが難しかった。
In the beginning, it was hard to separate work from free time.

在宅だと長く仕事をしてしまう傾向がある。
I tend to work more hours in the work-from-home setup.

在宅勤務のためのちゃんとした机がない。
I don't have a proper desk for teleworking.

正直に言って、ベッドで仕事をすることがある。
Honestly, I work from bed sometimes.

集中できさえすれば、場所は関係ない。
As long as I can get in the zone, the place doesn't matter.

オフィスでは、同僚が来て話しかけるのを阻止できない。
In the office, you can't stop coworkers from coming up and talking to you.

在宅勤務で生産性を保つには、時間管理が絶対不可欠だ。
Time management is an absolute necessity for telework productivity.

15 給料

Track 91

- ▸ pay day　給料日
- ▸ monthly salary　月給
- ▸ yearly income　年収
- ▸ before-tax/after-tax　額面の／手取りの
- ▸ underpaid/overpaid　仕事のわりに薄給／高給の
- ▸ tide over　困難を乗り切る
- ▸ minimum wage　最低賃金
- ▸ utilities　光熱費

給料日だ！
It's pay day!

僕の月給は30万円だ。
My monthly salary is 300,000 yen.

私の年収は600万円です。
My yearly income is six million yen.

700万円ほしいと思っています。
I'm hoping to get seven million yen.

それって額面？　手取り？
Is it before-tax or after-tax?

金の問題じゃないんだ。
Money is not the issue.

報酬の多い仕事です。
It's a financially rewarding job.

仕事の割にもらってないと思う。
I think I'm underpaid.

仕事の割に高給の
overpaid

3年間、給料が上がってない。
My salary hasn't been raised for three years.

次の給料日まででどうやって乗り切ればいいんだよ。
How can I tide myself over till my next pay day?

よく働いているのに、正当に評価されない。
I work hard, but don't see the fair reward.

国が定めた最低賃金をかろうじて上回っている。
It's barely above the national minimum wage.

口座に給料が振り込まれたかどうか確かめなきゃ。
I have to check if my salary was paid into my account.

家賃、光熱費、食費を払ったら、あまり残らない。
There is not much left after I've paid my rent, utilities, and food.

生きるために食え、食うために生きるな。
Eat to live, not live to eat.

男女同額の給料をもらうべきだと本当に思います。
I really believe that salaries should be equal between men and women.

給料は個人の経験と能力と実績によって決められるべきだ。
Salary should be decided upon your experience, ability, and performance.

夏のボーナスで新しいゲーム機を買うぞ。
I'll buy a new game console when I get my summer bonus.

16 新しい仕事／職場

Track 92

- ▸ **newcomer** 新入り
- ▸ **slow/fast(quick) learner** 物事を覚える、身につけるのが遅い／早い（速い）人
- ▸ **job description** 職務内容書（与えられる仕事内容を列記した書類）
- ▸ **bad/good with names** 人の名前を覚えるのが苦手／得意な

私は新入りです。
I'm a newcomer.

ここではまだ新人。
I'm still quite new here.

これは私にとっては大きな挑戦。
It's a great challenge for me.

いろいろ体験できるのを楽しみにしています。
I'm looking forward to getting around.

覚えることがたくさんある。
There is so much to learn.

これって、どうしたらいいんだろう。
What should I do with this?

私、覚えが遅いのよ。
I'm a <u>slow</u> learner.

早い / 速い
fast / quick

その仕事は私の職務内容書のうちに入っていません。
It's not in my job description.

僕にとって、まったく未知の分野だ。
This is a completely new field for me.

私にとって、これは理想的なプロジェクトだ。
For me this is an ideal project.

この新プロジェクトに任命されて、とても喜んでいます。
I'm excited to be assigned to this new project.

どこまで行けるか分からないけど、とにかく試してみなくちゃね。
I don't know how far I can go, but at least I have to give it a try.

皆さんのチームに入れて嬉しいです。
I'm glad to join your team.

皆さんと一緒に働けることにワクワクしています。
I'm very excited to work with you.

とても歓迎されていると感じた。
I felt very welcome.

人の名前を覚えるの苦手なんだよ。
I'm bad with names.

あまり皆の手をわずらわせちゃいけないよね。
I should not bother them too much.

17 評価面談

- **matter** 重要である、大きな違いがある
- **challenging** 困難だがやりがいがある、能力が試される
- **exactly** 正確に
- **collaborative** 協力的な
- **compliment** 賛辞を述べる、好意を示す
- **integrate** (他のものと) 融合、一体化する

結果は大事だ！
Results matter!

今日、評価面談がある。
I'll have my performance review today.

これは本当に難しいプロジェクトだった。
This was a really challenging project.

結果はまさに我々が求めていたものだ（とは言えない）。
The outcome was (not) exactly what we wanted.

君は常にプロジェクトの期待に応えるか、それ以上のことをしている。
You always meet or exceed project expectations.

ここ何ヶ月かの君の努力を称えたい。
I want to congratulate you on your hard work you put in over the past months.

⑪仕事

プロジェクトにおいて協力的であろうと努めているね。
You've been working hard to be collaborative in the project.

ああ、これは前おきとしてほめられてるだけだ。
Oh, he's just complimenting me as an introduction.

悪いニュースをくれよ。覚悟はできてる。
Give me the bad news. I'm ready.

彼は今のところ可もなく不可もなくやっている。
He's doing OK so far.

非常に良く
great

思ったより早くチームになじんだ。
He's integrated in the team more quickly than expected.

準備不足のままミーティングに来ることがある。
Sometimes he comes to the meeting unprepared.

上司はいきなりネガティブなことを言わない。
My boss never jumps into the negative part of his comment.

必ず先にポジティブなことを言う。
He always starts with the positives.

アメリカ流だって言われてるけど、分からない。
They say it's the American way, but I don't know.

18 採用面接

- ▸ **new graduate**　新卒者
- ▸ **age restriction**　年齢制限
- ▸ **criminal record**　犯罪歴
- ▸ **job interview**　採用面接
- ▸ **second/final interview**　二次／最終面接
- ▸ **terms and conditions**　諸条件
- ▸ **housing allowances**　住宅手当
- ▸ **paid vacation**　有給休暇
- ▸ **job offer**　働き口、採用通知

手のひらに汗かいちゃってる。声が震えてる。
My palms are sweaty. My voice is shaky.

僕は新卒。大学生の学位を持っている。
I'm a new graduate. I have a college diploma.

年齢制限はありますか？
Is there any age restriction?

犯罪歴はありません。
I don't have any criminal record.

採用面接は何度も受けてきた。
I've been through many job interviews.

面接スキルに磨きをかけた。
I've polished interview skills.

面接ではどれくらい正直になるべきかな。
How honest should I be during the interview?

どう答えていいのか、まったく分からない質問をされてしまった。
I was asked a question for which I had no idea how to answer.

どもっちゃった。
I stammered.

恥をかいた。なんであんなこと言ったんだろう。
I embarrassed myself. Why did I say that?

二次面接に呼ばれた。
I was asked back for a second interview.

その仕事に私が本当に向いていると、面接官を説得できたと思う。
I think I convinced the interviewer I'm really good for the job.

この会社に長く憧れていました。
I've long been an admirer of the company.

企画開発部で働きたいです。
I'd like to work in the R & D department.

R & D = research and development

営業事務職希望です。
My objective is a sales support position.

私の英語とコンピューターのスキルが活かせます。
I can utilize my English and computer skills.

販売のテクニックや基礎をもっと勉強したいのです。
I want to learn more about sales techniques and principles.

もっと責任のある仕事に就きたいです。
I'd like to take on a job with more responsibility.

お客様に楽しんでもらいたいです。
I want the customers to have a good time.

短所は直していきます。
I'm going to remedy the weakness.

挑戦するのが好きなんです。
I love a challenge.

契約終了後に正社員として残れる可能性はありますか？
Do I have a chance to stay in the job as a permanent employee after my contract has expired?

時間、給与、残業、諸手当など、お仕事の諸条件を知りたいです。
I'd like to know about the terms and conditions of the job: hours, pay, overtime, and various allowances.

会社は住宅手当を支給している。

The company offers employees <u>housing</u> allowances.

退職金／通勤手当／残業手当
retirement / transportation / overtime

有給休暇の支給がある。

They offer paid vacation time.

よし、採用されたぞ。

Yes! I got a job offer.

12

電話

相手の姿が見えず、身振り手振りが使えないため、電話応対は苦手だという人が多くいます。しかし、電話の取り次ぎは、使われるフレーズほとんど決まっています。こんなときにはこれ、という自分なりの定番表現を身につけておけば、意外と簡単。いきなり英語で世間話をするのは難しいと感じる人にとっては、電話応対が良い練習になります。

01 かける・出る

- **get** （電話や呼び鈴に）出る、答える
- **put through to ...** （電話を）〜につなぐ、回す
- **extension** 内線
- **transfer the call to ...** （電話を）転送する

電話が鳴ってるよ。
The phone's ringing.

私が出るわ。
I'll get that.

もしもし。ブラウンさんのお宅ですか？
Hello. Is this Mr. Brown's house?

ナタリーは帰ってますか？
Is Natalie home?

エイミーはいる？
Is Amy there?

there → around

ジャックとお話しできますか？
May I speak to Jack, please?

そちらの宿泊客で1122号室のホワイト氏と話したいのですが。
I'd like to talk to your guest Mr. White in room 1122.

カスタマーサービスにつないでください。
Can you connect me with the customer service?

内線43をお願いします。
Please put through to extension 43.

営業部長に電話を回してください。
Please transfer the call to the sales manager.

部長を出してくれ。今すぐだ。
Put the manager on the phone. Right now.

お電話ありがとうございます。
Thank you for calling.

はい、ABC 出版のカタリナです。
ABC Publishing. Katarina is speaking.

どなたとお話しされたいのですか？
Who would you like to speak to?

本人です。
This is she.

＊男性なら This is he. と言う。

私です。（話しています。）
Speaking.

02 つなぐ

▸ **line** （電話の）線、内線
▸ **hang up** （電話を）切る（受話器をフックに掛ける（**hang**）ことから）

少々お待ちください。
Just a moment, please.

少々お待ちください。おつなぎします。
One moment, please. I'll connect you.

切らずにお待ちください。
Please hold.

ちょっと待って。
Hold on a sec.

彼女を呼んできます。
I'll get her.

ジョン、あなたによ。
John, it's for you.

ジェレミーから電話ですよ。
You got a call from Jeremy.

内線4番に電話よ。
Line 4 is for you.

5番にミリアムさんです。
Mr. Milliam is on line 5.

ナオミといいます。日本から電話しています。
This is Naomi. I'm calling from Japan.

私は誰と話しているんでしょう？
Who am I talking to?

あなた、誰？
Who is this?

お名前をいただけますか？
May I have your <u>name</u>, please?　　電話番号
(phone) number

ケンです。ケニヤの K、イングランドの E、ネバダの N です。
Ken. K for Kenya, e for England, and n for Nevada.

どちらの会社の方ですか？
What company are you with?

彼、切っちゃった。
He hung up on me.

03 不在を告げる・伝言を聞く

- ▸ **busy** （電話が）話し中
- ▸ **out for lunch** 昼食に出ている
- ▸ **on business/vacation** 商用で／休暇で
- ▸ **call back** かけ直す

彼はまだ帰ってきていません。
He's not back yet.

すみませんが、彼は今、電話中です。
I'm sorry, his line is busy now.

すみませんが、彼は今、別の電話に出ています。
I'm sorry, he is on the other line.

彼女はまだ出社していません。
She hasn't come in yet.

彼は外出中です。
He is out now.

彼は昼食に出ています。
He's out for lunch.

＊ **out to lunch** でもよいが、本来の意味以外に「頭がお留守、ぼーっとしている」という意味もあるので要注意。

彼は会議中です。
He is in a meeting right now.

彼は今日、在宅勤務です。
He is working from home today.

彼は出張中です。
He is on a business trip.

彼女は仕事で海外に行っています。
She is out of the country on business.

彼は本日お休みです。
He is off today.

彼女は休暇中です。
She's on vacation.

席をはずしていますが、近くにいるはずです。
He is not at his desk, but he should be around.

彼はいつ戻る予定ですか？
When do you expect him back?

伝言を残されますか？
Would you like to leave a message?

結構です。午後、こちらからかけ直します。
It's OK. I'll call back in the afternoon.

何時までなら電話していいですか？
Till what time can I call you?

彼にかけ直させます。
I'll have him call you back.

エリンに電話するよう伝えてください。
Please tell him to call Erin.

04 番号を聞く

▸ **country/area code** 国／地域番号
▸ **toll-free** （通話料や通行料が）無料の
▸ **authorized** 許可された、認可された

彼はあなたの電話番号を知っていますか？
Does he have your number?

彼がかけ直せるように、電話番号をいただけますか？
May I have your number so he can call back?

彼の携帯にかけてみて。番号を言うから。
Try his cell phone. I'll give you the number.

これは自宅の番号ですか？
Is this your home number?

内線番号はありますか？
Do you have an extension?

フランスの国番号は何ですか？
What is the country code for France?

これは地域番号ですか？
Is this the area code?

1-800 ？　これはフリーダイヤルですか？
1-800? Is this a toll-free number? (one eight hundred)

僕は765-4321でつかまるよ。
You can reach me on 765-4321.

日本国外からの場合、最初の0は取ってください。
If you call from outside of Japan, cut the first 0.

すみませんが、彼の携帯番号をお教えする権限が私にはないんです。
I'm sorry, but I'm not authorized to give out his cell phone number.

05　今話せるか聞く

Track 99

- ▸ **bad time**　都合の悪いとき、苦境
- ▸ **urgent**　緊急の

今、話せる？
Can you talk now?

長くはかからないから。
It won't take long.

今、いい？　かけ直そうか？
Is it a good time? Shall I call you back?

今はまずかったかしら。
Did I catch you at a bad time?

こんな朝早くに電話してごめんなさい。
I'm sorry to call you this early in the morning.

こんな遅くに電話したから、嫌われちゃうわね。
You'll hate me for calling so late.

職場に電話してごめんなさい。
I'm sorry to bother you at work.

緊急の用なの。
It's urgent.

やっとつかまえた！
I finally caught you!

僕は忙しい奴なものでね。
I'm a busy guy.

子（女性の場合）
girl

今帰ったところだよ。
I just got back.

さっきネルとの電話を切ったところだよ。
I just got off the phone with Nell.

さっきも電話くれた？
Did you call me earlier?

この前は出られなくてごめんなさい。
I'm sorry I've missed your call(s).

他の電話が入っているの。
I have another call.

もう切らなきゃ。
I have to say bye now.

13

道案内

道に迷ったら、遠慮せずに周りの人に聞くこと。聞いたって分からない、なんてことはまずありません。道案内は基本的にシンプルなフレーズですから、なんとなく分かるものです。迷っていそうな人がいたら、人助けと英語学習のチャンスだと思って、臆せず話しかけましょう。困っているときに声をかけてくれた。それだけでも、相手は嬉しいもの。日本の印象を、あなたが良くすることができるかも。

01 助けを申し出る、道を聞く

- ▶ be lost　道に迷う
- ▶ show　案内する
- ▶ stranger　よそ者、見知らぬ人
- ▶ station staff　駅員

私、迷ったみたい。
I seem to be lost.

どっちへ行ったらいいんだろう。
Which way should I go?

お助けしましょうか？
Do you need help?

お助けできるかと思うのですが。
I think I can help you.

迷ったの？　ママとはぐれたの？
Are you lost? You've lost your Mommy?

ATM（現金自動預払機）を探しているのですが。
I'm looking for an ATM.

最寄りの郵便局はどこですか？
Where is the nearest post office?

グローブ劇場への道は分かりますか？
Do you know the way to the Globe Theater?

グランドセントラル駅にはどう行けばよいですか？
How can I get to Grand Central Station?

競技場への行き方を教えてもらえますか？
Can you tell me how to get to the stadium?

この地図で示してもらえますか？
Can you show it to me on the map?

YMCA にはこの道でいいんですか？
Am I on the right road to the YMCA?

道を案内しましょう。
I'll show you the way.

お連れしますよ。ついて来てください。
I'll take you there. Please follow me.

乗せていってあげましょう。
I'll give you a ride.

私も同じ方向に行くんです。
I'm going in the same direction.

すみませんが、この辺りのことは分かりません。
I'm sorry, but I don't know this area.

私もここは知らないのです。
I'm a stranger here, too.

この辺りには詳しくありません。
I'm not familiar with this area.

誰か他の人にきいてあげましょう。
Let me ask someone for you.

駅員なら分かるかもしれません。
Maybe the station staff can help you.

本当にお助けしたいんですけど、そうする時間がないんです。
I really want to help you, but I don't have time to do so.

02 手段について

▸ subway　地下鉄
▸ taxi stand　タクシー乗り場

バスか地下鉄か、どちらで行くべきか悩んでいます。
I'm wondering if I should go by bus or subway.

私ならタクシーに乗りますね。
I would take a taxi.

駅にタクシー乗り場があります。
There is a taxi stand at the station.

地下鉄のほうがいいでしょうね。
Subway would be better.

ここから3駅です。
It's three stops from here.

次の駅でJRに乗り換えて。
Change to the JR line at the next stop.

どちらが早いと思いますか？
Which do you think is faster?

時間はどれほどかかりますか？
How long does it take?

だいたい30分くらいでしょう。
It should take about half an hour.

歩くには遠すぎますか？
Is it too far to walk?

ここからとても近いです。
It's very near here.

歩いたほうが早いですよ。
It's faster to walk.

ほんの何分か歩くだけですよ。
It's just a few minutes' walk.

歩くと長いですよ。
It's a long walk.

03 道順を言う

▸ **on the right** 右に
▸ **on your left** あなたの左手に
▸ **miss** 見逃す、見過ごす

まっすぐ行って。
Go straight.

左に曲がって。
Turn left.

右に曲がって。
Make a right.

道なりに行って。
Go along the street.

すぐそこの角を曲がったところです。
It's just around the corner.

2ブロック先です。
It's two blocks down.

2つ目の信号まで、まっすぐに行って。
Go straight until you come to the second light.

コンビニのところで右に曲がって。
Turn right at the convenience store.

ヒルトンホテルの裏にあります。
It's behind the Hilton Hotel.

花屋の道を挟んで向かいです。
It's across the street from a flower shop.

右にあります。
It's on the right.

左手に見えます。
You'll find it on your left.

見逃すはずないですよ。
You can't miss it.

14

交通機関

飛行機や電車など、公共交通機関の利用に関する定番表現は、旅に欠かせません。何度も使っているうちに、自然に覚えてしまうはず。ドライブや運転の際に使う表現は、知っていないと使えない、耳にしただけでは分からないものも多いので、口慣らし、耳慣らしをしておくといいでしょう。初めての土地でも自由に動き回れたら、限られた時間を有効に活用することができきます。

01 空港

- **boarding pass** 搭乗券
- **aisle/window seat** 通路／窓側の席
- **connecting flight** 乗り継ぎ便
- **gate number** 搭乗口番号
- **delayed** 遅れて
- **duty-free shop** 免税店
- **immigration** 入国、移民、出入国管理事務所
- **customs** 税関
- **baggage claim** 荷物受取所

パスポートと搭乗券を用意して。
Have your passport and boarding pass ready.

携帯電話でモバイル搭乗券をすぐ出せるようにしておきなよ。
Keep your mobile boarding pass on your cell phone for easy access.

モバイル搭乗券にアクセスできません。
I can't access my mobile boarding pass.

搭乗カウンターへ行って、紙の搭乗券をもらって。
Go to the check-in counter and get a paper boarding pass.

搭乗手続きをしたいのですが。JAL の搭乗カウンターはどこですか？
I'd like to check in. Where is JAL's check-in counter?

このスーツケースを預けます。
I'll check in this suitcase.

これは機内持ち込みできますか？
Can I carry this on board?

通路際の席をお願いします。
I'd like an <u>aisle</u> seat, please.

窓際の
window

両替はどこでできますか？
Where can I change money?

国内線乗り場へはこのエスカレーターで行けますか？
Can I take this escalator to domestic departures?

ノースウェスト123便に乗り継ぎます。
I'm connecting with Northwest 123.

乗り継ぎ便の案内はどこに出ていますか？
Where can I get information on connecting flights?

搭乗開始は何時ですか？
What time do you start boarding?

私たちの搭乗口は67番よ。急いで。
Our gate number is 67. Hurry.

僕らの便は遅れている。
Our flight is delayed.

免税店で買うものがあるんだ。
I have something to buy at the duty-free shop.

⑭交通機関

見て、あんなに並んでる。
Look at the people lined up.

入国審査には時間がかかるね。
It must take a while to get through immigration.

税関で申告するものはある？
Do you have anything to declare at the customs?

荷物受取所は下の階だ。
The baggage claim is downstairs.

空港リムジンはどこで乗れますか？
Where can I catch an airport limousine?

リコンファームが必要ですか？
Do I need to reconfirm my flight?

免税品受取カウンターで、買ったものを受け取らないと。
I need to pick up my purchased items at the duty-free pick-up counter.

出発ロビーにある募金箱に小銭を入れた。
I put some change into the donation box in the departure lounge.

嵐により、すべての便が欠航です。
All the flights were cancelled due to the storm.

2時の仙台行きの便を最後に空港は閉鎖された。
The airport was closed after the two o'clock flight to Sendai.

成田空港は1時間前に再開している。
Narita Airport reopened an hour ago.

搭乗時間の2時間前に空港に着く計画だ。
I plan to arrive at the airport two hours prior to the departure time.

Track 104

02 飛行機内で

- ▸ **flight attendant**　客室乗務員
- ▸ **beverage cart**　飲み物のカート
- ▸ **customs declaration form**　税関申告書
- ▸ **turbulence**　乱気流

⑭交通機関

毛布をもう1枚もらえますか？
Can I have an extra blanket?

トレイを下げてもらえますか？
Could you take away my tray?

娘と離れてしまっています。
My daughter and I are separated.

あの席に移ってもいいですか？
May I move to that seat?

席を替わっていただけますか？
Would you mind changing seats?

シートを倒してもいいですか？
Would you mind if I put my seat back?

食事中はシートを元に戻していただけますか？
Could you put your seat up for the meal?

日本人の客室乗務員は乗っていますか？
Is there a Japanese flight attendant on board?

飲み物のカートが来るよ。
A beverage cart is coming down.

何がありますか？
What do you have?

氷を入れてください。
Can I have some ice in it?

夕食が配られたとき、寝ていました。
I was sleeping when the dinner was served.

すみません、ビーフしか残っていません。
I'm sorry we only have beef left.

税関申告書を書かないといけないの？
Do I need to fill out a customs declaration form?

時間通りに着きそうよ。
We're arriving on time.

もうすぐ着陸だ。
We'll be <u>landing</u> shortly.

離陸
taking off

僕らの飛行機が乱気流にぶつかった。　　空洞域に入った
Our plane <u>ran into turbulence</u>.　　hit an air pocket

席について、シートベルトを締めておいてください。
Please remain seated with your seatbelt fastened.

03　バス・電車・タクシー

Track 105 🎧

- ▸ **change**　おつり
- ▸ **one-day pass**　1日（乗車）券
- ▸ **out-of-service**　営業していない
- ▸ **sleeper**　寝台車
- ▸ **bullet train**　新幹線
- ▸ **suspended**　（運転、業務などを）停止している

⑭交通機関

タクシーを呼んであげる。
I'll call a taxi for you.

シェラトンホテルまで、だいたい幾らでしょうか？
How much should I expect to the Sheraton Hotel?

どうやら道が間違っているようです。
I'm afraid we're going the wrong way.

ここで降ろしてください。
Let me off here, please.

おつりはとっておいてください。
Please keep the change.

禁煙車両です。
It's a non-smoking car.

免税店は、無料送迎サービスをしていますか？
Does the duty-free shop offer free transportation service?

アーリントンまで2枚ください。
Two tickets to Arlington, please.

1日券をください。
I'd like a one-day pass, please.

改札の外で待ってるよ。
I'll see you outside the ticket gate.

降り損ねちゃった。
I missed my stop.

次の電車はいつ出ますか？
When does the next train depart?

あれは回送だ。
That car is out-of-service.

コロラドまで、寝台車でも行けるよ。
We could take a sleeper to Colorado.

今、新幹線の中なんだ。
I'm on a bullet train now.

ケンブリッジ行きはこの電車ですか？
Is this the right train to Cambridge?

このバスはどこへ行きますか？
Where does this bus go to?

私が降りるところになったら教えてもらえますか？
Would you tell me when it's my stop?

電車が止まってる。どうやって家に帰ればいいの？
Trains are not running. How should I get home?

電車や地下鉄は何時間も運休した。
The trains and subways were suspended for hours.

動き出したよ。
Now they are back in service.

04 車

- **toll gate**　料金所
- **rest area**　休憩所、サービスエリア
- **aggressive driver**　無謀な、乱暴な運転をする人
- **heavy**　（渋滞などが）ひどい
- **side road**　脇道、抜け道
- **detour**　迂回
- **speeding**　スピード違反

まだ着かないの？
Are we there yet?

料金所が近づいてきたよ。
We're approaching the toll gate.

次のサービスエリアで止まってくれる？
Can you make a stop at the next rest area?

もう我慢できない。（トイレ）
I can't hold it any more.

今、出口を通り過ぎちゃったんじゃない？
Didn't we just miss the exit?

3マイルもあおられた。（1mile＝約1.6km）
A car tailgated me for three miles.

危ないドライバーとは関わるべからず。
Avoid aggressive drivers.

どうしてこんなに進まないんだろう？
Why is the traffic so slow?

道が混んできたね。
The traffic is getting heavy.

渋滞で動けなくなっちゃった。
We got stuck in traffic.

ラジオで交通情報を聞いてみよう。
Let's check the traffic information on the radio.

この先、次のジャンクションから10km 渋滞だって。
There is a ten-km traffic jam ahead starting at the next junction.

高速を降りて、脇道を行くよ。
We'll get off the highway and take a side road.

迂回しないと。
I have to make a detour.

この辺りを知ってるの？
Do you know the area?

迷うわけがないよ。カーナビが、どこで曲がればいいか教えてくれるんだもの。
We can't get lost. The navigation system tells you where to turn.

目的地をカーナビにセットした。
I set our destination in the navigation system.

そのカーナビ、あてになるの？
Is that navigation system really reliable?

着いたぞ！
Here we are!

交代制にしよう。
Let's take turns.

今回は君が運転して。
You take the wheel this time.

帰りは私が運転するわ。
I'll drive on the way back.

スピード違反で切符を切られた。
I <u>got a ticket</u> for speeding.

罰金を取られた
was fined

助手席は「自殺席」って言われてるの知ってる？
Did you know the passenger seat is called the "suicide seat"?

＊事故による死亡率が高いため。運転席は driver's seat、後部座席は back seat。

★あおり運転

　前の車に近づきすぎること、あおり運転を tailgating と言います。前の車が通り過ぎた物を自分が通り過ぎるまで、2秒あけるのが安全（two-second rule）と言われています。

05 運転

- ▸ **pull over** 路肩に寄せて止める
- ▸ **one-way street** 一方通行の道路
- ▸ **lane** 車線
- ▸ **ABS** 自動ブレーキシステム（**automatic braking system**）
- ▸ **sudden stop** 急停車
- ▸ **passing lane** 追い越し車線
- ▸ **legal speed limit** 法定速度

シートベルトをして。エンジンをかけて。さあ、行こう。
Buckle up. Start the engine. Let's go.

アクセルを踏め。
Step on the gas.

ブレーキを踏め。
Put on the brake.

止めて。
Pull over.

スピードを緩めて。
Slow down.

とても滑りやすくなっている。
It's very slippery.

ここはスクールゾーンだよ。
We're in a school zone.

スピード出しすぎ。
You're driving too fast.

右へウィンカーを出した。
I gave a right-turn signal.

そこは一方通行だった。
I was on a one-way street.

何度もクラクションを鳴らした。
I repeatedly blew the horn.

その車に道を譲ってやった。
I gave way to the car.

車線変更した。
I changed lanes.

私は安全運転よ。
I'm a safe driver.

信号無視した。
I ran the red light.

一時停止の標識を無視してしまった。
I missed the stop sign.

しかるべきところで自動ブレーキが作動した。
The ABS worked as it should.

ABS=Automatic
Braking System

車は急停車した。
The car made a sudden stop.

無駄なアイドリングはしないようにしている。
I avoid unnecessary idling.

僕が内側の車線にいると、他の1台が追い越し車線に入った。
I was in the inner lane and another car got into the passing lane.

ほとんどのドライバーは、法定速度を守らない。
Most drivers don't obey the legal speed limits.

政府は高齢ドライバーに免許の返納を呼びかけている。
The government is calling for elderly drivers to return their licenses.

★アメリカで運転免許取得

　私は、アメリカの大学に留学中に、自動車の運転免許を取りました。私が取得した州では、**21**歳以上で、郵送された書類を受け取れる住所があれば、試験を受ける権利がありました。

　RMV（Registry of Motor Vehicle） で4択問題10問に答え、**7**問正解すると、**learner's permit**（仮免）がもらえます。すると、免許保持期間が1年以上の人を隣に乗せていれば、公道を自由に走れます。

　運転を教えてくれる人がいない場合、**driving school** に電話すると、先生が車に乗って自宅まで来てくれます。私は、初対面の握手の後、いきなり運転席に乗せられて、すごく焦りました。（初日は信号をすべて無視！）

　自信がついたら、試験場へ。車は自分で用意します。試験官と公道へ出て、直進・右折・左折・バック・縦列駐車（**or** 坂道発進）ができれば、合格。遅すぎて不合格になる人はいないと言われ、私は時速**20km** 以下で走りました。

　免許交付の仕組みは、州によって大きく異なります。一般的に、渋滞の激しい大都会では難しく、車がないと生活が難しいような田舎では簡単だといわれてます。

15

銀行

キャッシュカード、両替機、暗証番号、定期預金、満期、自動引き落とし…。銀行関連の表現は、生活に密着しているにも関わらず、何と言っていいのか悩みがちなものがたくさんあります。実際に銀行でこれらの英語を使うことは少なくても、日常会話で話題にする機会は意外とあるはず。現代に生きる私たちは、お金と無縁ではいられないのですから。

01 ロビー・ATM

- ▶ teller window 窓口
- ▶ one's call 順番が来たときの呼び出し
- ▶ change machine 両替機
- ▶ change 両替する、くずす
- ▶ ATM 現金自動預払機（automated teller machine）
- ▶ withdraw from an ATM ATMでお金をおろす
- ▶ ATM/bank card キャッシュカード
- ▶ PIN 暗証番号（personal identification number）
  ATMのMはmachine、PINのNはnumberの頭文字であ
  り、単独で使用可能。しかし、ATM machine や PIN
  number の形で使われることも多い。

その取引は窓口でする必要があります。
The transaction must be done at the teller window.

番号札を取って、呼ばれるまでお待ちください。
Please take a number and wait to be called.

呼ばれたときにいませんでした。
I've missed my call.

両替機はありますか？
Do you have a change machine?

100ドル札をくずしたいのですが。
I'd like to change a 100 dollar bill.

正面入り口は3時で閉まります。通用口を使ってください。
The main entrance is closed at three o'clock. Please use the side door.

ATM で1000ドルをおろした。
I withdrew \$1,000 from an ATM.

キャッシュカードを持ってくるのを忘れた。
I forgot to bring my ATM card.

暗証番号を入力した。
I entered my PIN.

安全のため、電話番号や誕生日を暗証番号にしないように。
For your own security, don't use your phone number or birth date for your code number.

キャッシュカードを ATM に入れたら戻ってこなかった。
I put my bank card in the ATM machine and it didn't give it back.

02 外貨両替

Track 109

- ▸ **foreign exchange** 外国為替
- ▸ **change/exchange** 両替する
- ▸ **denomination** 貨幣の単位（1円→5円→10円…→5000円 →1万円）
- ▸ **bill** 札

外国為替窓口は3階だ。
The foreign exchange counter is on the third floor.

円をドルに替えたいです。
I'd like to exchange some yen to dollars.

今日のレートを見たいのですが。
Can I see today's rate?

お金の単位はどうしますか？
What denominations would you like?

10ドル札10枚と20ドル札5枚でお願いします。
I'd like to have ten 10's and five 20's.

100ドル札は入れないでください。
Please don't include 100 dollar bills.

小銭を交ぜてください。
Please include some change.

米ドルを15万円分お願いします。
I would like 150,000 yen worth of US dollars.

円ではいくらになりますか？
How much is that in yen?

03 預金・引き出し

- **open a bank account**　口座を開設する
- **checking account**　当座預金口座（小切手、手形発行用）
- **savings account**　普通預金口座
- **interest rate**　利率
- **compound**　混合する、度合いを増す、複利計算する
- **deposit**　預金する
- **reach maturity date**　満期になる

銀行口座を開きたい。
I'd like to open a bank account.

当座預金口座を閉鎖した。
I closed my checking account.

⑮銀行

ABC 銀行に普通預金の口座を持っている。
I have a savings account with ABC Bank.

最低預金額は決まっていますか？
Is there any minimum deposit?

利率はどれくらいですか？
What is the interest rate?

現在の当行の利率は年利0.2％です。
Our current interest rate is 0.2% per year.

利子は四半期ごとの複利計算です。
The interest rate is compounded quarterly.

毎月3万円を貯金している。
I save 30,000 yen every month.

自分の口座に50ドルを預金した。
I deposited $50 into my account.

何者かが口座から100万円を引き出した。
Somebody withdrew a million yen from the bank account.

僕は口座から500ドル相当の日本円を引き出した。
I took $500 worth of Japanese yen out of my account.

もうすぐ定期預金が満期を迎える。
My time deposit will reach its maturity date soon.

満期の定期預金を継続するつもり。
I'm going to <u>renew</u> my time deposit.

解約
cancel

04 振り込み

▸ wire　電信送金する
▸ bank remittance/transfer　（口座への）送金
▸ remit(pay) to the account　その口座へ送金（入金）する
▸ bank info　口座のある銀行、支店名、名義、口座番号などの情報
▸ bank transfer fee　送金手数料
▸ automatic draft/withdrawal　自動引き落とし
▸ repay loan　ローンを返済する
▸ fraud　詐欺

海外に電信送金したい。
I'd like to wire some money overseas.

あなたの口座に300ドルを電信送金しました。
I wired 300 dollars to your account.

すでに彼の口座に振り込みました。
I've already paid to his account by bank remittance.

インターネットでの買い物代金8500円を、指定の口座に送金してください。
Please remit 8,500 yen to the given bank account for your online purchase.

これが銀行口座の名義や番号です。
Here is the bank info.

送金手数料はいくらですか？
How much is the bank transfer fee?

それ、何かの詐欺じゃない？
Are you sure it isn't some kind of fraud?

家賃が自動引き落としされるよう手続きしたい。
I'd like to arrange my rent to be paid by automatic draft.

住宅ローンを自動引き落としで返済している。
I've been repaying my house loan with an automatic withdrawal.

05 インターネットバンキング

Track 112

- ▶ traditional bank（オンライン銀行に対し）従来の店舗型の銀行
- ▶ in-person 人が実際に会う、対面の
- ▶ banknote 通帳
- ▶ balance 残高

2つのネット銀行に口座を持っている。
I have accounts with two online banks.

今でも店舗型の銀行を使ってるの？
Do you still use a traditional bank?

オンラインバンキングのほうが、対人の銀行取引より安上がりだ。
Online banking is less expensive than in-person banking.

並んで待つのって、すごい時間を取られるよね。
Waiting in line takes too much time.

今は指先ひとつで即、送金できる。
Now you can transfer money instantly right at your fingertips.

通帳アプリで過去の月の明細を見直した。
I reviewed some previous monthly statements with the banknote app.

取引を月ごとにソートできるのはすごく便利。
Sorting transactions by month comes in very handy.

オンライン通知書には、何日にいくら引き落とされるのかが記載されている。
The online statement tells you how much will be drafted on which date.

残高が一定額を下回ったので通知が来た。
I received an alert as my balance went below a certain amount.

オンライン銀行を使えばいいのに。
Why don't you do online banking?

ほとんどの取引がオンラインでできるよ。
Most transactions can be done online.

06 仮想通貨

Track 113

▸ **virtual currency/money** 仮想通貨（**cryptocurrency** とも言う）
▸ **millionaire** 百万長者（**100万ドル**相当以上の純資産を持つ人）
▸ **tidy sum** かなりの金額、大金
▸ **easy money** 楽に手に入る金、あぶく銭
▸ **subject to**（規則、法則などの）影響下、支配下にある
▸ **taxation** 課税、租税

仮想通貨に投資するのはいいかもしれない。
Investing in virtual currencies may be a good idea.

あの仮想通貨を10年前に買っておけばよかった。
I should have bought some of that virtual currency 10 years ago.

今ごろ億万長者になれてたかも。
I could be a millionaire now.

彼女は優れた先見の明があるに違いない。
She must have excellent foresight.

彼女は仮想通貨の売買でかなりの金額を稼いだ。
She made a tidy sum trading virtual currencies.

あいつはボロ儲けしている。
He's making easy money.

仮想通貨は課税の対象だよ。
Virtual currencies are subject to due taxation.

私の仮想通貨の収入は課税対象金額を下回っている。
My income from virtual currencies is below the taxable amount.

仮想通貨はどういう仕組みなのか、ずっと不思議だ。
I've always wondered how virtual currencies work.

16

郵便・宅配便

旅先からの便りやお土産を送るなど、ちょっとしたときに使えるフレーズを身につけておくと便利。持ち歩けないからとほしい物を諦めたり、行きたいところへ身軽に出かけていくのをためらうなんて、もったいないことです。使えるサービスは、どんどん活用しましょう。自分宛に絵葉書を出すのも、良い記念になります。

01 送る

- **by air/sea** 航空便／船便で
- **postage** 送料、郵便料金
- **commemorative** 記念となる（「記念硬貨、記念切手」などの名詞でもある）
- **express airmail** 国際速達便
- **registered mail** 書留
- **courier service** 国際宅配便サービス（Fedex や DHL など）
- **invoice** 送り状（送付品の個数、価値、原産国などを記載した書類）
- **self-addressed** 返信用に自らの住所を記載した

50セントの切手を5枚ください。
I'd like five 50-cent stamps, please.

これを航空便でカナダに送りたいんです。　　　　船便
I'd like to send this to Canada by <u>air</u>.　　sea

速達にしたいです。　　　　　　　　　　　　航空便
I'd like my letter sent by <u>express</u>.　airmail

中国へ送る一番安い方法は？
What is the cheapest way to send it to China?

郵送料はいくらですか？
What is the postage?

記念切手を集めてるんだ。
I collect commemorative stamps.

封筒に80円切手を貼った。
I put an 80-yen stamp on the envelope.

葉書を送るには50セントの切手でいいのかな。
Is a 50-cent stamp enough for sending a postcard?

あなたの小包は国際速達便で送りました。
Your packet was sent by express airmail.

書留で送りたいのです。
I'd like to send it by registered mail.

この小包に保険をかけたいです。
I'd like this package insured.

すべて印刷物です。
They are all printed matter.

壊れ物です。
This is fragile.

「壊れ物」シールを貼ってください。
Please put a FRAGILE sticker on it.

どれくらいで日本に着きますか？
When can I expect it to get to Japan?

国際宅配便サービスを利用した。
I used courier service.

通常の郵便、DHL、FedEx のいずれかで送ることができます。
You can send it either by first-class mail, DHL, or FedEx.

* FedEx（Federal Express）は商標だが、**I'll FedEx the sample.** のように「国際宅配便で送る」という動詞でも、口語的に使われる。**FedEx = Fedex**

送り状を用意しなくてはなりません。
You have to prepare an invoice.

コンビニから宅配便でスキーを送った。
I sent my skis by home delivery service from a convenience store.

返信用に、宛名を書いて切手を貼った封筒を同封します。
I'll enclose a self-addressed and stamped envelope for reply.

02 受け取る

- ▶ **redelivery** 再配達
- ▶ **exempt from ...** 〜を免除された
- ▶ **clear customs** 税関を通過する
- ▶ **delivery attempt notice** 不在通知（attempt ＝試み）
- ▶ **delivery box** 宅配ボックス

荷物を受け取り損ねた。
I missed the delivery.

再配達の手配をした。
I arranged a redelivery.

荷物を受け取りに来ました。
I'm here to pick up a package.

これらの品に関税はかかりません。
These goods are exempt from customs.

あなたの荷物はまだ通関していません。
Your package hasn't cleared customs yet.

配達員が、翌日また来ると書いた通知を置いていった。
The delivery person left a note indicating that he would return the next day.

不在通知を受け取った。
I got a delivery attempt notice.

宅配ボックスに入れてください。
Leave the package in the delivery box, please.

最近は玄関脇に置き配してもらっている。
Recently I have my package left by the door.

注文の品をオフィスに配送されるようにした。
I had my order delivered to the office.

荷物がまだ届かない。
I still haven't received my package.

私の荷物の配送状況を調べたい。
I want to track the status of my package.

システム上は「配達済み」になっている。
The tracking shows "DELIVERED".

どんな理由が考えられますか？
What could be the reason?

行方不明の荷物について調べてください。
Please invesitgate the missing package.

17

買い物

旅行の大きな楽しみの1つが、買い物。ほしいものを探し当てるのも、偶然に出会うのも、その過程を楽しみたいものです。英語圏では、店員と客の間でも Hello. や Hi. と挨拶するのが一般的。思い通りの品を手に入れるため、店員と積極的に情報交換しましょう。せっかくの買い物に、妥協は禁物。事前に覚えておいたフレーズが、強い味方になります。

01 探す

- ▸ **children's clothes**　子供服
- ▸ **kitchenware**　台所用品
- ▸ **top name brand**　一流ブランド
- ▸ **sold out**　売り切れ、完売
- ▸ **out of production**　生産中止
- ▸ **check on the stock**　在庫を調べる
- ▸ **backorder**　受注残として入荷次第納品する
- ▸ **hold**　取り置きする

買い物に行かない？
Do you want to go shopping?

パソコンを買うつもりだ。
I'm going to buy a computer.

いらっしゃいませ。
May I help you?

特に何かお探しですか？
Are you looking for anything particular?

見ているだけです。ありがとう。
I'm just looking around.　Thank you.

子供服はどこにありますか？
Where do you have children's clothes?

台所用品は何階ですか？
Which floor has kitchenware?

どこのブランドがいいだろう。
What brand should I look for?

こちらでは一流ブランドばかりを扱っております。
We only offer top name brands.

ブランド物には興味がない。
I'm not interested in designer brands.

母へのお土産（贈り物）を探している。
I'm looking for a gift for my mother.

何がいいと思いますか。
What do you suggest?

カシミアのショールはどうです？
How about a cashmere shawl?

その赤いのを見せてもらえますか？
Can you show me <u>the one in red</u>?

いくつか
some

色違いはありますか？
Are there any other colors?

これのもっと小さいのはありますか？
Do you have this in a <u>smaller</u> size?

もっと大きい
bigger

サイズ展開は3種類です。
It comes in three sizes.

今すごく人気があります。
They are very popular now.

売り切れです。
We're sold out.

生産中止です。
It went out of production.

来週、入荷します。
We'll have it in next week.

在庫を調べてもらえますか？
Could you check on the stock?

取り寄せできますか？
Can I backorder it?

いつ買えるようになりますか？
When will it be available?

取り置きしてもらえますか？
Could you hold it for me?

次のバージョンはいつ出るんでしょうか？
When is the next version going to be released?

02 選ぶ

▸ **overpriced/underpriced** （内容のわりに）高い／低い値をつけた
▸ **gold coated** 金メッキの
▸ **synthetic/real leather** 合成皮革／本皮
▸ **top-end/low-end** 最上位の／最下位の
▸ **indoor/outdoor use** 屋内／屋外使用向け
▸ **warranty** 保証
▸ **standard feature** 標準装備
▸ **price range** 価格帯

どっちがいい？
Which do you like?

これいいな。どう思う？
I like this. What do you think?

これ、見せてもらっていいですか？
Can I take a look at this?

⑰買い物

ショーケースの中のネックレスを見せてもらっていいですか？
Could you show me the necklace in the showcase?

それ、他の店でも見たよ。
I've seen it at another store.

向こうのほうが安かった。
It was cheaper over there.

この品にこの値段じゃ高い。
It's overpriced.

値段の割にとてもいいと思う。
I think it's very reasonable.

値段ほどの価値はない。
It's not worth the price.

これは何でできているんですか？
What's this made of?

それらのツイードパンツは、ウール、綿、ポリエステルの混紡です。
Those tweed pants are made with a wool, cotton, and polyester blend.

本物の金ですか？
Is this real gold?

金のメッキです。
It's gold coated.

これは合皮？
Is this <u>synthetic leather</u>?

人工ダイヤ／人工真珠／本皮
synthetic diamond /
synthetic pearl / real leather

これは最新モデルですか？
Is this the latest model?

最上位機種じゃなくていいんだ。
I don't need a top-end model.

どうやって使うんですか？
How do you use it?

使い方を見せてもらえますか？
Can you show me how to use it?

電池で動くの？
Does it run on batteries?

屋外で使えますか？
Can I use it outdoors?

屋内使用向けです。
That is designed for <u>indoor</u> use.

屋外使用向け／家庭用／事務所用
outdoor / home / office

日本でも使えますか？
Does it work in Japan?

1年の保証書つきです。
It has a warranty for one year.

日本でも保証が効きますか？
Is the guarantee valid in Japan?

標準装備は何ですか？
What are the standard features?

操作は簡単そのものですよ。
Operation is simplicity itself.

いつでもヘルプデスクにご連絡ください。
You can always contact our help desk.

持ってるマシンは古代の代物でね。
I have a pretty ancient machine.

新しいのを買う時期だ。
It's time to get a new one.

なかなか決められないよ。オプションが本当にたくさんあるんだ。
It's hard to decide. There are many, many options.

私が言ったものを全部入れると、どれくらいの値段がするものですか？
What price range am I looking at if I get everything that I talked about?

ずっとほしかったんだよね。
I've always wanted to own it.

がんばって働いてるし、それくらい贅沢したっていいと思うんだ。
I work hard and feel like I deserve it.

---

03 試着する

Track 118

- ▶ **try on ...** 試着する
- ▶ **changing room** 試着室
- ▶ **loud/plain** 派手／地味
- ▶ **boring** つまらない、ぱっとしない
- ▶ **alteration** （洋服の）お直し
- ▶ **take one's measurements** 採寸する
- ▶ **room** 空間、余白
- ▶ **innersole** 靴の中敷

試着していいですか？
Can I try this on?

試着室はどこですか？
Where is the changing room?

どう？
How do I look?

似合ってるよ。
It looks good on you.

よく似合ってる。
It fits you really nicely.

その色はあなたらしいと思う。
I think it's your color.

色が派手すぎ。
The color is too loud.

色がありすぎ。
It's too <u>colorful</u>.

小さすぎ／大きすぎ／高すぎ
small / big / expensive

君には地味じゃないかな。
I think it's <u>plain</u> for you.

くすんでいる・さえない
dull

つまらなくない？
Isn't it boring?

花柄がとても素敵。
The flower patterns are so lovely.

フィット性としなやかさが重要。
Fit and flexibility is important.

私にぴったりのサイズ。
This is just my size.

ウェストがきつすぎる。
It's too tight around the waist.

私には肩の部分が大きすぎる。
It's too big for me in the shoulders.

ジッパーが閉まらないよ。
The zipper would not close.

腿が太く見える。
My thighs look fat.

お直しに出すわ。
I'll take it for alteration.

少し直せば見違えますよ。
A slight alteration makes a big difference.

パンツの裾上げをしてもらえますか？
Can I have my pants shortened?

仕立屋に採寸してもらった。
The tailor took my measurements.

パッドは取り外せます。
The pads are removable.

ストラップはマジックテープ付きです。
It's got a Velcro strap.

イタリアの靴は幅が狭いのよね。
Italian shoes are narrow.

小指がきつい。
I feel pressure on the little toes.

つま先が余ってる。
It has room in the toe area.

中敷を入れてもらえますか？
Can you insert innersoles?

靴を伸ばす器械はありますか？
Do you have a shoe stretcher?

04 払う

Track 119

▶ **on/for sale** 特売品の／売り物の
▶ **volume discount** 数量割引
▶ **electronic money / e-money** 電子マネー
▶ **gift-wrap** プレゼント用に包装する

セール品ですか？
Is it on sale?

売り物ですか？
Is it for sale?

今、クリスマスセール中です。
We have a Christmas sale now.

2個買えば、1個おまけ。
Buy two, get one free.

3個10ドルです。
Three for ten dollars.

たくさん買ったら安くなりますか？
Do you give a volume discount?

50ドル以上の注文は、無料で配送します。
We'll ship for free on orders over 50 dollars.

税込でいくらですか？
How much is it with tax?

ディスカウントしてくれませんか？
Won't you give us a discount?

それをいただきます。
I'll take it.

やめておきます。
I'll leave it.

それを5つください。
I'll take five of them.

現金ですか、カードですか？
Cash or charge?

VISA カードは使えますか？
Do you take VISA card?

電子マネーは使えますか？
Can I use electronic money?

日本に送っていただけますか？
Could you ship it to Japan?

ABC ホテルに配送してもらえますか？
Can you deliver it to the ABC Hotel?

着て帰ります。
I'll wear it now.

袋は要りません。
I don't need a bag.

袋を何枚か余分にもらえますか？
Can I have extra bags?

プレゼント用に包んでいただけませんか？
Would you gift-wrap it, please?

05 スーパーマーケット

- **household goods** 日用品、家庭用品
- **caffeine-free/sugar-free** カフェイン抜きの／砂糖抜きの
- **produce** 生鮮食品
- **ground meat** ひき肉
- **clean fish** 内臓を取り除く、さばく
- **fresh from the oven** 焼きたての
- **ready-made** 出来合いの
- **low-fat/high-fat** 低脂肪の／高脂肪の
- **dairy product** 乳製品

食料品を買いに行く。
I'm going grocery shopping.

日用品コーナーはどこですか？
Where is the household goods section?

ABC ブランドのキャットフードはどこにありますか？
Where can I find ABC brand's cat food?

ABC シャンプーが見当たらないのですが。
I can't seem to find ABC shampoo.

マルチビタミンのサプリメントは置いていますか？
Do you have multi-vitamin supplements?

カフェイン抜きのコーラはありますか？
Do you carry caffeine-free coke?

この炭酸ジュースは砂糖が入っていないから好き。
I like this soda as it's sugar-free.

3番通路にあります。
They are in aisle 3.

生鮮食品コーナーの隣です。
It's next to the produce section.

クーポンを何枚か持っています。
I have some coupons.

これらのクーポンを併用できますか？
Can I use these coupons together?

ひき肉を1ポンドほしいです。
I'd like a pound of ground meat.

この塊をスライスしてもらえますか？（肉やパン）
Can I have this loaf sliced?

この魚、さばいてもらえますか？
Can I have this fish cleaned?

焼き立てですよ。
They are fresh from the oven.

忙しいママは、冷凍食品を賢く使う。
Busy moms use frozen foods wisely.

実演販売者がサンプルを配っているね。
A food demonstrator is handing out samples.

出来合いの食品の中にはカロリーが高いものがある。
Some ready-made food items are very high in calories.

体に良くないものは避けるようにしているわ。
I try to stay away from the bad stuff.

紙袋にしますか、ビニール袋にしますか？
Paper or plastic?

カートは駐車場から店に戻してください。
Please bring carts from the parking lot back to the store.

バランスのとれた食生活は、たくさんの野菜と果物、赤身の肉と低脂肪の乳製品から成る。
A balanced diet consists of plenty of vegetables and fruit, lean meat, and low-fat dairy products.

06 トラブル

- **chip/crack** 欠け／ひび
- **snag** ほつれ
- **exchange A for B** A を B と交換する
- **manufacturer** 製造業者、メーカー
- **repair** 修理
- **extra charge** 追加料金

底が欠けています。
I found a <u>chip</u> at the bottom.

ひび
crack

ここにほつれがあります。
There is a snag here.

動きません。
It won't work.

⑰買い物

先日買ったホットプレートが壊れていました。
This electric griddle I bought the other day was broken.

買ったときには気づきませんでした。
I didn't notice when I bought it.

返品したいです。
I'd like to return it.

新しいのと交換できますか？
Can you exchange it for another one?

どうやったら返金してもらえますか？
How can I get a refund?

ここにレシートを持っています。
I have the receipt with me.

責任者とお話しできますか？
Could I talk to the manager?

メーカーに確認してもらえますか？
Would you check with the manufacturer?

私はそこの修理部門に電話した。
I called their repair service.

パソコンを修理に出した。
I sent my computer out for repairs.

いつ戻ってきますか？
When will I have it back?

追加料金がかかりますか？
Is there any extra charge?

電池が切れていますよ。
The batteries are out.

つい全く必要のない、くだらない物を買ってしまう。
I always end up buying totally unnecessary stupid stuff.

★悩ましい penny（1セント硬貨）

アメリカで買い物をすると、レジ横の小皿に penny が何枚か置かれていることがあります。

支払いをする際、細かいお金が足りなければそこから拾って構わないし、お釣りとして受け取った penny を置いていっても構いません。

れっきとした硬貨でありながら、あまりお金扱いされていないのが penny なのです。

ニューヨーク市では、penny の受け取りを一切拒否する店舗が次々と現れたことで、2007年に社会問題に。低所得者やホームレスの生活を守るため、受け取り拒否の禁止が市議会で議論されたほどです。

それはさすがに極端な例ですが、penny に侮辱の意味があるとされているのは古くからの事実。たくさんの penny を使って支払いをすることや、チップに penny を混ぜることは失礼にあたるといわれていますので注意しましょう。

その一方、朝一番に路上でみつけた penny は luck penny といって、拾うといいことがあるという言い伝えもあります。

「一円を笑う者は一円に泣く」と信じる日本人として、たとえアメリカ人が見向きもしなくても、大事に扱いたいと私は思います。

⑰買い物

07 ネットショッピング

- ▶ **reference** 参照、参考
- ▶ **customs** 税関
- ▶ **same-day shipping** 当日出荷
- ▶ **qualify for ...** 〜の資格を得る
- ▶ **next-day delivery** 翌日配送

今はほとんど何でもネットで買える。
Now you can buy almost anything on the Internet.

Amazon は僕の生活に欠かせない。
Amazon is an essential service in my life.

ネットでそのショッピングアプリのポップアップ広告を見た。
I saw a pop-up ad online for the shopping app.

そのサイトは幅広い品揃えだ。
The site offers a wide range of products.

ネットで服を買うのって、賭けだよね。
Buying clothing online is hit or miss.

安い順に並べ替えよう。
Let's sort by price, low to high.

フィルターを使えば、絞り込み検索できるよ。
Use filter options, and you can narrow down your search.

購入者のレビューはいい参考になる。
Customer reviews are useful references.

在庫があるものは即日発送してくれる。
They offer same-day shipping on in-stock items.

50ドルを超える注文なら送料無料。
You can get free shipping on an order over $50.

送料無料にするため余分に買った。
I spent extra to qualify for free shipping.

プレミアム会員になると、翌日配送やディスカウントが受けられる。
Their premium membership service offers next-day delivery and discounts.

あまりに安い価格には、十中八九、良くない理由がある。
There's most likely an unpleasant reason for an extremely cheap price.

それ、偽サイトかも。
It may be a fake website.

私の荷物は今、税関で留められている。
My package is now held at customs.

インターネットでの個人輸入には、高い輸入税が課されるかもしれない。
Heavy import taxes may be imposed on personal imports over the Internet.

対面で買ったほうがいいものもある。
Some things are better off bought in person.

どちらかといえば地元の店を支えたい。
I'd rather support local shops.

08 フリマアプリ

- ▸ **app** アプリ
- ▸ **designer** デザイナーが手掛けた、ブランドものの
- ▸ **pre-owned** 以前誰かに所有されていた（**used** は使用済みを意味するが、**pre-owned** はそうと限らない）
- ▸ **declutter** 片づけをする

これ、フリマアプリでゲットしたんだ。
I got this on a flea market app.

ブランドもののダウンコートを定価の半値で買った。
I bought a designer down coat for half the retail price.

「ほぼ未使用」です。
It's "almost unused".

少し汚れがある。
It has some blemishes.

価格交渉不可。
The price is not negotiable.

購入者として、その出品者に良い評価を送るよ。
As a buyer, I'll leave good feedback for the seller.

中古品や以前に所有者がいた物を買うことは別に嫌じゃない。

I don't mind buying used or pre-owned items.

出品されている物を見ていって、何かいい物を見つけるのは楽しい。

It's fun to browse through listed things and find something nice.

キーワードで検索しても、カテゴリーごとに眺めてもいい。

You can either search for specific keywords, or browse by category.

このエコバッグをフリマアプリに出品するつもり。

I'm going to put this reusable bag up on the flea market app.

＊エコバッグ reusable (shopping) bag

そのフリマアプリには使いかけの化粧品が数多く出品されている。

A lot of partially used cosmetics are listed on the flea market app.

フリマアプリは私の家の片づけを後押ししてくれる。

The flea market app helps me declutter my house.

小遣い稼ぎにもなる。

I can even get some extra money.

09 ネットオークション

- ▶ **bid**（名）入札、付け値、（動）入札する
- ▶ **ensure** 〜を確かにする、保証する
- ▶ **get caught** 捕まる、とらわれる
- ▶ **heat of the moment** その場の勢い、ものの弾み

10ドルからスタート。
The starting bid is $10.

出品者が「即決価格」を設定している。
The seller set the "Buy It Now" price.

ネットオークションで入札した。
I placed a bid on an online auction.

他の人が私より高値を付けたと通知が来た。
I was notified I was outbid.

現在入札されている価格を見てみよう。
Let's check the current bid.

信頼できる売り手か確認するのは難しい。
It is difficult to ensure the seller is reliable.

予算内にしておきなよ。
Stay within your budget.

あっけなくその場の勢いに流されてしまうものだよね。
It's too easy to get caught in the heat of the moment.

僕は最終ギリギリまで入札するのを待つんだ。
I'll wait until the very end to bid.

入札合戦に勝ったぞ！
I've survived the bidding war!

10 人気アイテム

- ▸ **gaming console** ゲーム機
- ▸ **lottery sales** 抽選販売
- ▸ **preorder** 事前注文、事前注文する
- ▸ **reseller** 再販売業者、転売人

あのゲーム機は抽選販売になる。
The new gaming console will be sold by lottery.

ウェブでの抽選販売に申し込んだ。
I applied for the web lottery sales.

一瞬で売り切れた。
They were sold out in seconds.

カートに入れたけど、その先に行けなかった。
I put one into the cart, but couldn't go further.

ひとつ予約注文した。
I preordered one.

いつ来るはずなのか、覚えてない。
I don't remember when it should arrive.

⑰買い物

手にするのが待ちきれない。
I can't wait to get it.

買えたなんて、私はラッキーだった。
I was lucky I got one.

うちは買えなくて本当にがっかり。
We're so disappointed we couldn't get one.

非公式なルートでいくつか入手した。
I got some through an unofficial channel.

全部転売ヤーに買い占められた。
They were bought up by resellers.

転売ヤーがもうフリマアプリで販売してる。
Resellers are already selling the items on flea market apps.

あんな転売ヤーたちから何も買いたくない。
I don't want to buy anything from those resellers.

チケットを1枚、裏から入手した。
I got a ticket through an unofficial channel.

本物のファンから金をむしり取ろうとする奴らがいるなんて、後味が悪い。
It leaves a bad taste to see people trying to make profits out of real fans.

18

レストラン

食事を旅の楽しみにしている人、またはいつも困っている人、
必見。自分の食事スタイル、好みに応じて、必要なフレーズを
ピックアップ。しっかり覚えてしまいましょう。肉の焼き加減、
付け合わせ・パン・ドレッシングの種類など、注文時に矢継ぎ
早に聞かれ、慣れないうちは疲れてしまうこともありますが、
落ち着いて。ごほうびに、おいしい食事が待っています。

01 食べに行く

- **buy ... dinner** 〜に夕食をおごる
- **grab a bite** 軽い食事をする
- **rating** 格付け、評価、採点
- **local food** 地元の食べ物
- **all-you-can-eat** 食べ放題の、バイキング形式の
- **non-smoking/smoking section/table** 禁煙／喫煙席
- **table for four** 4人用テーブル
- **share a table** 相席する
- **drinking age** 飲酒年齢

夕食をおごるよ。
I'll buy you dinner.

軽く食べようよ。
Let's grab a bite.

中華はどう？
How about Chinese?

銀座にいいビストロがあるんだ。
There is a nice bistro in Ginza.

メジャーなレビューサイトでそのレストランは3.8だって。
This restaurant's rating is 3.8 in a major restaurant review site.

地元の料理を食べてみたい。
I'd like to try some local food.

食べ放題だ。
It's all-you-can-eat.

味はいいよ。
The food is good.

すごくたくさん出てくる。
You'll get more than enough.

予約が必要ですか？
Is a reservation necessary?

服装の決まりはありますか？
Do you have a dress code?

今夜8時に2人、禁煙席を予約したいのですが。
I would like to make a reservation for tonight at eight o'clock, for two in the non-smoking section.

窓際の席にしてもらえますか？
Could you give us a table by the window?

予約してあります。鈴木です。
We have a reservation. My name is Suzuki.

4人用のテーブルはあいていますか？
Do you have a table for four?

何名様ですか？
How many in your party?

ただいま満席です。
We are full at the moment.

ご用意できるのは喫煙席のみです。
Only smoking tables are available now.

テーブルを移りたいのですが。
I'd like to change our tables.

どれくらい待ちますか？
How long is the wait?

相席でもよろしいですか？
Would you mind sharing a table?

バーで待ちます。
We'll wait in the bar.

僕、飲酒年齢は越えてるよ。
I'm over the drinking age.

身分証明書を見せてください。
May I see your ID, please?

02 注文する

- ▸ **dish** 料理、皿
- ▸ **today's soup**（= soup du jour）本日のスープ
- ▸ **hot/spicy** 辛い
- ▸ **mild** 辛くない、マイルド
- ▸ **raw fish** 生魚
- ▸ **uncarbonated** 無炭酸の

メニューをいただけますか？
Could I have a menu?

もう少し時間をください。
Would you give us more time?

注文してもいいですか？
May I order?

おすすめは？
Can you make some suggestions?

それはどんな料理ですか？
What kind of dish is it?

今日のスープは何ですか？
What is today's soup?

私はそれにします。
I'll have that.

⑱レストラン

私も同じものを。
I'll have the same, please.

これはすぐにできますか？
Can you make this right away?

どれくらい量があるの？
How big is it?

軽いのはどれ？
Which one is light?

量を少なめにしてください。
Please make a small portion.

すごく辛いですか？
Is that really hot?

少し辛さを抑えてもらえますか？
Can you make it a little mild?

生魚はあまり好きじゃなくて。
I really don't care for raw fish.

チーズとハーブが苦手です。
I'm not fond of cheese and herbs.

私はこのコースにします。
I'll have this course.

ステーキの焼き加減は？
How would you like your steak?

ステーキをミディアムレアで。
I'd like my steak <u>medium-rare</u>.

レア／ミディアム／ウェルダン
rare / medium / well-done

ドレッシングは何になさいますか？
What kind of dressing would you like?

イタリアン、フレンチ、サウザンドアイランド、ハニーマスタードとブルーチーズがあります。
We have Italian, French, thousand island, honey mustard, and blue cheese.

ドレッシングは別添えにしてください。
Please give me the dressing on the side.

サラダは皆でシェアします。
We will share the salad.

飲み物はいかがですか？
Would you like anything to drink?

日本のビールはありますか？
Do you have Japanese beer?

ノンアルコールのカクテルはありますか？
Do you have any non-alcoholic cocktails?

炭酸なしのミネラルウォーターを1本ください。
A bottle of uncarbonated mineral water, please.

デザートはいかがですか？
Would you care for some desserts?

コーヒーか紅茶はいかがです？
Coffee or tea?

ご注文は以上ですか？
Is that all?

飲み物は、今お持ちしますか、食後にしますか？
Shall we serve your drinks before or after the meal?

---

03 食べる

▸ **soy sauce** 醤油
▸ **another** もう一つの、他の

注文の料理がまだ来ないのですが。
Our order hasn't come yet.

私たちの料理は、まだ時間がかかりますか？
Will it take much longer for our meal?

オーダーを確認してもらえますか？
Could you check on our order?

すぐにお持ちします。
I'll bring it right away.

注文を替えてもいいですか？
Could I change my order?

フォークを落としました。
I dropped my fork.

もう1本持ってきてください。
Please bring another one.

お皿をあと何枚かいただけますか？
Could we have <u>some more plates</u>?

おしぼり／爪楊枝
**a wet towel /
tooth picks**

醤油はありますか？
Do you have soy sauce?

お水を1杯ください。
Can I have a glass of water?

ビールのおかわりをください。
Another beer, please.

（料理は）いかがですか？
How's everything?

＊食事中、店員が各テーブルに確認に来るとき
の言葉。Is everything OK? なども定番。

おいしいです。ありがとう。
Everything is fine. Thank you.

これをもう一皿、頼みましょうよ。
We should get one more of this.

持ち帰り用の容器をください。
Can I have a box for this?

* **doggy bag** は古くなり
つつあり、**box** で伝わる

ステーキが冷めてる。
My steak is cold.

サラダに髪の毛が入っている。
There is a hair in my salad.

すみません。お取り替えします。
I'm sorry. I'll bring another plate.

04 カフェ・デリ

Track 129

- ▶ light meal　軽い食事
- ▶ ... holic　〜中毒の
- ▶ decaffeinated　カフェイン抜きの
- ▶ easy on ...　〜は控えめで

軽い食事がしたい。
I want a light meal.

レギュラーですか、カフェイン抜きですか？（コーヒー）
Regular or decaf?

コーヒー中毒なんだ。
I'm addicted to coffee.

チョコレート中毒なの。
I'm a chocoholic.

カフェイン抜きのコーヒーを1杯ください。
I'd like a decaffeinated coffee.

マヨネーズはなしで。
No mayonnaise, please.

ケチャップは少なめで。
Easy on the ketchup, please.

玉ねぎは抜いてもらえますか？
Can you make that without onions?

レタスを多めにしてもらえますか？
Can I have extra lettuce?

チーズは乗せますか？
Would you like some cheese on it?

店内で召し上がりますか、お持ち帰りですか？
Is that for here or to go?

こちらで食べます。
That's for here.

チーズバーガーとコーラの S を1つ。
One cheese burger and a small coke, please.

セットにはポテトフライがつくの？
Does the combo come with French fries?

BLT はベーコン、レタス、トマトの略です。
BLT stands for bacon, lettuce, and tomato.

でき上がったら、席までお持ちします。
We'll bring it out to you when it's ready.

お飲み物は各自でどうぞ。
Please help yourself to drinks.

デザートはどう？
What would you say to dessert?

甘い物は別腹よ。
There's always room for sweets.

シングルにしますか、ダブルにしますか？　コーンですか、カップですか？（アイスクリーム）
**Would you like a single or double scoop?
Corn or cup?**

05　デリバリー

▸ **deliverer** 配達員
▸ **sample** 試食する、試飲する

そのデリバリーアプリで食べ物を注文した。
I ordered some food through the food delivery app.

私のピザが30分以内に来ることを期待してる。
I expect my pizza to arrive within 30 minutes.

注文の料理がまだ届かないのですが。
My food hasn't been delivered yet.

もう1時間待っています。
I've been waiting for an hour.

もう厨房を出ましたか？
Has it left the kitchen yet?

なぜそんなに時間がかかっているのですか？
What's taking so long?

あとどれくらいで届きますか？
How much longer until it arrives?

お届けに来ました。
Your food is here.

食べ物がまだ温かい。
The food is still warm.

配達員が私のディナーを試食したようだ。
It seems the deliverer sampled my dinner.

06 味について

- ▶ **crispy** カリッとしている
- ▶ **peppery** 胡椒が利いている
- ▶ **smoky taste** 燻製風味
- ▶ **cheesy** チーズがたっぷり入った、チーズ風味の濃い
- ▶ **rich** 濃厚な
- ▶ **refreshing** さっぱりする
- ▶ **greasy** 脂っこい
- ▶ **heavy** こってりしている
- ▶ **fishy taste** 生臭い味
- ▶ **high-fat food** 油分の多い食べ物
- ▶ **hit the spot** 今まさに欲しているものを食べる、飲む

すごく気に入った。
I love this.

とてもおいしい。
This is so good.

ソースがおいしい。
The sauce is good.

皮がカリッとしていておいしい。
The skin is nice and crispy.

いい香味がする。
It has a nice aroma.

燻製のいい風味。
It has a nice smoky taste.

胡椒がきいてる。
It's peppery.

チーズ風味が濃くておいしい。
It's very cheesy and tasty.

濃厚でクリーミー。
It's rich and creamy.

フルーツの風味が強い。
It's very fruity.

酸っぱくて、さっぱりする。
It is sour and refreshing.

醤油を使っているような味がする。
It tastes like it has soy sauce in it.

何か苦いものが入っている。
Something tastes bitter.

甘いけど、甘すぎない。
It's sweet, but not too sweet.

それ、辛い？
Is it hot?

辛すぎる。
It's too spicy.

脂っこい。
It's greasy.

塩が足りない。
It's not salty enough.

僕にはこってりしすぎ。
It's too heavy for me.

肉が少しかたい。
The meat is a little tough.

生臭い味。
It has a fishy taste.

変な味と臭いがする。
It has bad tastes and odors.

焦げた味がする。
It tastes burnt.

こんなの見たことも食べたこともない。
I've never seen or eaten anything like this.

おもしろい。すごく変わってる。
It's interesting. Very different.

それはすごく油が多いんだぞ。
That is so rich in fat.

だからおいしいんじゃないの。
That's what makes it tasty.

油の多い食べ物は避けたほうがいいよ。
You'd better avoid <u>high-fat</u> food.

塩辛い
salty

料理は非常に良かった。
The food was excellent.

まさに食べたいものだった。
That just hit the spot.

すばらしいディナーだった。
That was a great dinner.

07 払う

> **check/bill** 勘定書き
> **on ...** （勘定が）〜持ちで
> **split the bill** 割り勘にする
> **bill it to one's room** 勘定を〜の部屋につける

お勘定をお願いします。
Check, please.

領収証をください。
May I have a receipt, please?

サービス料は含まれていますか？
Does this include service charge?

僕が払うよ。
Give me the bill.

いいえ、私が払うわ。
No, it's on me.

割り勘にしよう。
Let's split the bill.

別々に支払いができますか？
Can we get separate checks?

テーブルでお支払いをするのですか？
Should I pay at the table?

チップはカードにつけました。
I put the tip on the credit card.

勘定は部屋につけてもらえますか？
Will you bill it to my room?

ワインは頼んでいません。確認していただけますか？
I didn't order wine. Could you check it again?

どうも勘定書きが間違っているようですが。
I'm afraid the check is not correct.

これは私たちの勘定書きではないようですが。
This check doesn't seem to be ours.

お釣り、合ってる？
Did I get the right change back?

お釣りが違っていませんか？
I think you've given me the wrong change.

19

ホテル・観光

長い移動の後、ホテルに着くとほっとします。疲れを癒し、次の楽しい1日のために備えましょう。安価な宿では、スタッフの気配りが行き届かない場合がありますが、頼めば聞いてもらえることは数多くあります。向こうから言い出してくれるのを待つなんてことはせず、何でもこちらから聞いてみるのが一番です。

01 ホテル

- ▸ **book** 予約する
- ▸ **tap water** 水道水
- ▸ **safety deposit box** セーフティボックス、貴重品庫
- ▸ **wake-up call** モーニングコール
- ▸ **opening hour** 営業時間、開店（開館）時間
- ▸ **pick-up time** 迎えの時間

今晩のホテルを探しています。
I'm looking for a hotel for tonight.

一泊80ドル以下の部屋がいいです。
I'd like a room for under 80 dollars a night.

今夜あいているシングルの部屋はありますか？
Is there any single room available tonight?

満室です。
All rooms are booked.

まず部屋を見せてもらっていいですか？
Could I see the room first?

ダブルの部屋はいくらですか？
What's the rate for a double room?

楽しい滞在を。　　　　　　　　　　　食事
Enjoy your <u>stay</u>.　　　　　　　meal

ホテル予約アプリを通じてシングルルームを予約しました。
I booked a single room through a hotel booking app.

チェックインをお願いします。
I'd like to <u>check-in</u>, please.

チェックアウト
check-out

鞄は自分で運べます。
I can do the bags myself.

水道の水は飲めますか？
Is the tap water drinkable?

セーフティボックスはありますか？
Do you have a safety deposit box?

朝食は何時からですか？
What time do you start serving breakfast?

7時半にモーニングコールをお願いします。
I'd like a wake-up call at 7:30.

ルームサービスを頼めますか？
Can I order room servise?

部屋が掃除されていません。
My room isn't cleaned.

エアコンが壊れています。
The air-conditioner isn't working.

浴室のお湯が出ません。
There is no hot water in the bathroom.

他の部屋に替えてもらえますか？
Could you move me to another room?

タオルを余分に届けてほしいです。
Please have someone bring us some extra towels.

すぐに誰かよこしてもらえますか？
Can you send someone right away?

これは何の料金ですか？
What is this charge for?

ミニバーは利用していません。
I didn't use the mini bar.

国際電話はしていません。
I didn't make any international calls.

プールの営業時間はどうなっていますか？
What's the opening hours for the swimming pool?

迎えの時間まで荷物を預かってもらえますか？
Can you keep our baggage until the pick-up time?

02 観光

- **tourist information**　観光案内
- **one-day tour**　1日ツアー
- **concierge**　コンシェルジュ
- **voucher**　引換券
- **sunscreen**　日焼け止め
- **admission fee**　入場料
- **cancellation charge**　キャンセル料

観光案内はどこで得られますか？
Where can we get tourist information?

島への1日ツアーを申し込みたいです。
We'd like to book a one-day <u>tour</u> to the island.

クルーズ／小旅行・遠足
cruise / excursion

ロビーにツアーデスクがあります。
The tour desk is located in the lobby.

コンシェルジュに手配してもらえるでしょうか。
Could we have the concierge arrange it for me?

ツアー料金に食事は含まれていますか？
Does the tour price include meals?

お迎えの時間は8時半です。
Your pick-up time is 8:30.

運転手にバウチャーを見せてください。
Please show your voucher to the driver.

⑲ホテル・観光

用意すべきものはありますか？
What should we bring?

帽子、歩きやすい靴、日焼け止めをお持ちになることを勧めます。
We recommend bringing a hat, comfortable shoes, and sunscreen.

ショッピングセンターで解散です。
We will break up at the shopping center.

交通状況によりますが、5時頃にホテルに帰れます。
It depends on the traffic, but you'll come back to the hotel around five o'clock.

オーストラリアの大自然を経験するには一番の方法ですよ。
It's the perfect way to experience the great nature of Australia.

うちの6歳の息子でも楽しめるでしょうか？
Do you think my six-year-old boy can enjoy the tour?

きっとお楽しみいただけます。
You'll have a great time.

予約の必要はないですし、入場は無料です。
You don't need to book, and also there is no admission fee.

キャンセル料はかかりますか？
Is there any cancellation charge?

出発24時間以内のキャンセルには、全額が課されます。
The entire price will be charged for a cancellation made later than 24 hours before departure.

★ホテル予約の大事なポイント

　自分で旅程を組み立てて、自由旅行をしてみよう！　そんなときの第一関門が、宿泊先の手配ですね。

　海外のホテルは、日本と違い、宿泊者一人あたりではなく一部屋あたりの使用料が提示されているのが一般的です。宿泊人数の制限（最小／最大）が設けられていることもあるので注意しましょう。

　部屋代は、**seasonality**（季節性）や **weekend rate**（週末レート）で大きく変動することがあります。また、大きな会議やイベントが近辺で行われる時期と重なってしまうと、町中のレートが揃って倍以上になることも珍しくありません。

　このように需要と供給に応じた変動的な価格設定を **dynamic pricing** と言います。

　現地でのトラブルを避けるため、予約確認画面やメールを現地で提示できるようにしておくと安心です。

　最後に、私の間抜けな失敗談を。ベッドルームが2つあるコンドミニアムだと思って予約したのに、着いてみたら一部屋にベッドが2つ。

　手元の予約確認表を見たら、**TWO BEDROOMS** ではなく **TWO BED ROOM** となっていました…。"**TWO-BED**" とハイフンがあれば気が付いたと思うのですが…。単数・複数の違いなどは見落としがちなので、気をつけましょうね。

　事前にしっかり確認して、楽しい旅行を！

⑲ホテル・観光

20

恋愛

外国語習得のためには現地の恋人を作るのが一番だと、よく言われます。誰でも、好きな人の言うことなら、一言一句もらさず聞き取ろうとするし、なんとか自分の気持ちを分かってもらおうと手を尽くすから。相手も自分も傷つく可能性があり、興味本位で始めることはお勧めしませんが、好きになってしまったら覚悟を決めて。注意力・精神力・体力を駆使して、良い関係を築きましょう。

01 片思い・失恋

▶ **one-sided love** 片思い
▶ **desperate** 自暴自棄の、やけになった、したくてたまらない、欲しくてたまらない
▶ **ex** 元（彼女、彼氏、妻、夫など）
▶ **move on** 前に進む、踏ん切りをつける

片思いは決して楽じゃない。
One-sided love is never easy.

いつか彼が振り向いてくれる。
One day he will love me back.

推測や期待をしていたって、どうにもならない。
Assuming and expecting would lead you nowhere.

ただ彼に恋していられたら幸せ。
I'm just happy in love with him.

見返りは求めてない。
I don't expect anything in return.

彼女に会うことだけが一日をハッピーにしてくれる。
Only seeing her makes my day happy.

私の気持ちは胸に秘めておく。
I just keep my feelings to myself.

必死になりすぎないで。
Don't be too desperate.

この恋に未来がないって認めたくない。
I don't want to accept the fact that my love has no future.

僕は前の人を吹っ切れていない。それが嫌だ。
I'm not over my ex, and I hate it.

僕は失望し、傷心している。
I'm disappointed and heartbroken.

心からの感情は一晩では薄れない。
True feeling never fades away overnight.

もう自分が恋することはないと思うの？　間違ってるよ。
Do you think you'll never fall in love again? You're wrong.

魅力が足りないって自分を責めるのはもうやめて。
Stop blaming yourself for not being good enough.

彼があなたのすべてじゃないって思い出して。自分の人生を楽しんで。
Remember he is not your everything. Enjoy your own life.

私、前に進むわ。
I'll move on.

02 両想い

▸ **open book** 開かれた本（容易に知られる状態、隠し立てしない人などの例え）

▸ **ask for ...** 〜を求める

運命の人を見つけた。
I've found the love of my life.

恋に落ちている男は分かりやすい。
A man in love is an open book.

彼となら、のびのびと自分らしくいられる。
I feel free to be myself around him.

彼女は僕に変わってほしいと要求しない。
She never asks for change.

彼女は僕のことなら何でも気づいてくれる。
She notices everything about me.

彼女の人生の一部になりたい。
I want to be a part of her life.

彼に出会う前はどうやって生きていたのか思い出せない。
I can't remember how I ever lived without him.

あなたのことをもっと知りたいといつも思っている。
I always want to learn more about you.

あなたを傷つけるようなことは絶対にしない。
I would never do anything to hurt you.

一緒にいられるだけで幸せ。
We're happy just to be with each other.

人種とか性別って関係ある？　恋は恋でしょ。　　年齢
Does race or <u>gender</u> matter? Love is love.　age

★一晩過ごしても恋人じゃない

　自分は相手を彼氏だと思っているが、相手は違うようだ。正式な付き合いだと思って一線を越えたのに。外国人男性に関するそんな相談を何度も受けます。

　キリスト教では婚前交渉を禁じているのですが、現代では男女問わず信者でも守らないのが多数派。

　しかも、何度かそれ込みでデートしてみないと、恋人として付き合うかどうか決められない、**boyfriend/girlfriend**（彼氏／彼女）と呼ばない限りデート相手でしかないと考える人が多いのです。

　こんなに熱心に押してくるのだから自分は愛されているはず…と考えるのは危険！　相手はただ見極めたいだけ、または遊びたいだけかもしれません。

⑳恋愛

03 ナンパ

▸ **line** せりふ、決まり文句、口癖
▸ **cheesy** 安っぽい、古臭い、くだらない、趣味の悪い

1人？
Are you with anybody?

ここに座ってもいいかな。
(Do you) Mind if I sit here?

一杯おごらせてよ。
Can I buy you a drink?

ここ混んでるね。
This place is crowded.

外で話そうよ。
Let's talk outside.

かみつかないからさ。
I won't bite you.

前に会ったことあったっけ？
Have we met before?

楽しんでる？
Are you having a good time?

人を待ってるんです。
I'm expecting someone.

それって口説き文句？
Is that a line?

安っぽいわ。
That's so cheesy.

＊トラブルを避けるため、
使う相手を選ぶこと。

ありがとう。光栄だわ。
Thanks. I'm flattered.

04 マッチングアプリ

‣ **dating app** マッチングアプリ
‣ **thing** とやら、系のもの
‣ **selfie** 自撮り画像
‣ **meet up**（偶然または約束して）人が人に会う
‣ **creepy** 不安や恐怖で不快な、嫌な、ぞっとするような
‣ **simultaneously** 同時に
‣ **in particular** 特に、とりわけ

⑳恋愛

マッチングアプリに登録した。
I signed up for a dating app.

こういうマッチング系はまだ始めたばかり。
I'm pretty new to this online dating thing.

好きになれる人に出会えるといいな。
I'm hoping to meet someone I can fall in love with.

私のプロフィールについて意見をちょうだい。
Give me some feedback on my profile.

加工しすぎの自撮りだと、最初のデートで気まずいよ。
A heavily edited selfie makes the first date awkward.

すごくたくさんの人が出会い系アプリでパートナーを探している。
Millions of people use dating apps to find a partner.

マッチングアプリで私にメッセージを送ってきた人がいる。
A man messaged me on a dating app.

私たちは共通点が多い。
We have a lot in common.

僕が会おうって言うといつも、彼女は忙しいって言う。
Everytime I ask her to meet up, she says she's busy.

このメッセージ、気持ち悪くない？
Isn't this message creepy?

いい人なんだけど、ドキドキしない。
I like him, but I'm not attracted to him.

彼は何人かと同時進行している。
He's dating several women simultaneously.

マッチングアプリでいろんな男の人と話してて、特に気に入った人がいたの。

I was talking to different guys on a dating app, and I was excited about one in particular.

マッチングアプリで知り合った人に会うの。

I'll see a man who I met through a dating app.

マッチングアプリで素敵な子に出会った。

I met a cool girl on a dating app.

正直に言うと、妻とはマッチング系のサイトで出会った。

To be honest, I met my wife through an online dating site.

05 デート

▸ **dream** 理想の
▸ **twinkle** きらめき

僕と映画に行きませんか？
Would you like to go to a movie with me?

週末ドライブに行こうよ。
Let's go for a drive this weekend.

いつかディナーでもどう？
Can we go to dinner sometime?

私をデートに誘ってくれない？
Will you ask me out for a date?

ええ、いいわね。
Sure. That sounds great.

今度の金曜日はどうかな。
Would this Friday suit you?

どこで待ち合わせようか？
Where should we meet?

私は渋谷のほうが楽。
Shibuya would be easier for me.

7時に迎えに行くよ。
I'll pick you up at seven.

今夜はデートなんだ。
I've got a date tonight.

待たせてごめん。
I'm sorry to have kept you waiting.

私も、今来たところ。
I just got here myself.

彼女はたぶん、時間を間違えたか、渋滞にはまったんだろう。
Maybe she got the times mixed up or got held up in traffic.

彼女は僕の理想の女の子だ。
She is my dream girl.

笑わせようと思ったんだけど、裏目に出た。
I tried to be funny, but it worked negatively.

何時までに帰らないといけないの？
What time do you have to be in by?

門限はあるの？
Do you have a curfew?

もっと一緒にいられたらいいんだけど。
I wish we could stay longer.

楽しい夜をありがとう。
Thank you for a wonderful evening.

またこうして会おう。
We should do this again.

この次って、あるかな？
Do you think there is a next time?

彼が今夜、電話してくれたらいいな。
I hope he'll call me tonight.

声が聞けてよかった。
It was nice to hear your voice.

デートの後、彼女は目をキラキラさせながら帰ってきた。
After the date she came home with a twinkle in her eyes.

06 おつきあい

Track 140

- ▶ **go out** デートする、交際する
- ▶ **boyfriend/girlfriend** 彼氏／彼女
- ▶ **in love** 恋している
- ▶ **make the move** 動く
- ▶ **hard-to-get** 簡単に手に入らない

つきあってください。
Will you go out with me?

つきあっている人、いるの？
Are you seeing someone?

つきあっている人がいます。
I'm in a relationship.

トニーとつきあっています。
I'm going out with Tony.

彼氏ができたの。
I got a <u>boyfriend</u>.

彼女
girlfriend

恋してるのね。誰と？
You're in love. With who?

あの子、幸せでキラキラしてる。
She is glowing in happiness.

どうやって知り合ったの？
How did you meet him?

どっちから動いたの？
Who made the move?

彼にデートに誘われた。
He asked me out.

彼に電話番号を聞かれた。
He asked for my phone number.

彼に携帯のメールを教えた。
I gave him my cell phone's mail address.

簡単には落ちないふりをした。
I just played hard-to-get.

始めは友達だった。
We started as friends.

07 　喧嘩 Track 141

▸ **have enough**　たくさん、うんざり
▸ **take ... for granted**　〜を当然だと思う
▸ **make up**　償いをする、仲直りする

もう二度と会いたくない。
I never want to see you again.

何様のつもり？
Who do you think you are?

冗談でしょう。
You can't be serious.

それがおもしろいとでも？
Do you think it's funny?

よく私にそんなことが言えるわね。
How can you say that to me?

君にはうんざりだ。
I had enough of you.

私のこと、いて当たり前の人間だと思ってる。
You take me for granted.

君にはがっかりだ。
You really disappointed me.

最低。
You're disgusting.

本当に傷ついた。
You really hurt me.

私のこと利用したのね。
You used me.

考える時間をくれ。
I need time to think.

もう我慢できない。
I can't take this any more.

償いをするわ。
I'll make it up to you.

僕らはキスして仲直りしたってわけ。
We kissed and made up.

08 別れ

▸ **work out** うまくいく、良い結果になる
▸ **break up** 別れる
▸ **get back together** よりを戻す

彼女は僕が思ってたような女の子じゃなかった。
She wasn't all I had thought she was.

彼をもう近くに感じない。
I don't feel closeness to him any more.

距離を置きたい。
I need some space.

1人で考えたい。
I need some time alone.

私たち、うまくいってない。
We aren't working out.

これ以上は無理だよ。
We can't go on like this.

誠意を見せて。
Show me some respect.

本当に好きなら私と別れて。
Let me go if you love me.

終わりだ。
It's over.

私たち、一緒になる運命じゃないのよ。
We're not meant for each other.

前とは違うのよ。
Things are not the same any more.

お互いに、他の人たちとも出会うべきだ。
We should see other people.

僕と別れるっていうのかい？
Are you breaking up with me?

で、これで終わりなのか？
So, this is it?

こんなふうに捨てないで。
Don't leave me like this.

彼らは別れた。
They broke up.

彼らは元の鞘に納まった。
They got back together.

最終的には敵になってしまった。
We ended as enemies.

今でもいい友達よ。
We're still good friends.

恋愛が友情で終わるのは不可能だ。
Love can't end up in friendship.

09 浮気

Track 143

- ▶ **hit on** せまる、言い寄る
- ▶ **cheat on ...** 〜を裏切る、〜に隠れて浮気する
- ▶ **fling** 軽い付き合い、情事
- ▶ **log** 記録
- ▶ **snooper** スパイ、のぞき見する人、詮索好き

あいつ、君を落とそうとしてる。
He's hitting on you.

彼女、あなたにベッタリだったわ。
She was all over you.

あなた、浮気したのね。
You cheated on me.

彼女が浮気しているんだ。
She's having an affair.

そりゃ見当違いだ。
You have the wrong idea.

ほんのちょっとした浮気だ。
That was just a fling.

浮気はしません（していません）。
I'm faithful.

そんなことで逃げられると思ってるの？
Do you think you can get away with that?

僕は馬鹿かもしれないけど、そこまでじゃないぞ。
I may be stupid but not that stupid.

携帯が一晩中、圏外だったよ。
Your phone had been out of the service range all night.

ハンナっていう子とメールしてるの知ってるんだから。
I know you've been exchanging emails with a girl called Hanna.

僕のメールを調べたのか？
Did you check my e-mails?

彼氏の携帯をチェックしたって、ロクなことがないぞ。
Nothing good will come out of checking your boyfriend's cell phone log.

私は詮索好きじゃない。
I'm not a snooper.

彼女のプライバシーを完全に尊重している。
I completely respect my girlfriend's privacy.

㉒
恋
愛

371

10 セックス

- ▶ sleep with ...　〜と寝る、関係を持つ
- ▶ period　生理
- ▶ wet dream　夢精
- ▶ play with oneself　自慰をする
- ▶ STD　性感染症（sexually transmittal disease）
- ▶ commit　〜に責任を持つ、約束する、最大限の努力をする

彼女と寝た。
I slept with her.

生理中なの。
I'm having my period.

夢精した。
I had a wet dream.

自慰をした。
He played with himself.

ピルを飲んでるの。
I'm on the pill.

コンドームなしでセックスした。
I've had unprotected sex.

後で分かったんだけど、コンドームが破れてた。
We later found out the condom had broken.

彼に性感染症を移された気がする。
I think I got an STD from him.

彼女はベッドですごいんだ。
She's incredible in bed.

彼のセックスは最高。
He's a great lover.

セックスしてから、彼女が冷たくなった。
After I had sex with her, she turned bitter.

軽い子だと思った。
I thought she was an easy catch.

愛されたかっただけなのに。
I just wanted to be loved.

彼と別れたのは、セックスがメインの関係だと感じたから。
I dropped him because I felt that sex was the main factor in our relationship.

彼と初体験をした。
I've lost my virginity to him.

愛情からそうした。
I did it out of love.

セックスの後では、すべてがとてもシリアスになった。
Everything got very serious after sex.

僕らは2人の関係に真剣になった。
We feel more committed to each other.

関係が強まった。
It made our relationship grow stronger.

男の子たちが、最初のセックスの後、すぐ女の子を捨てちゃうのはなぜなんだろう？
Why do guys often dump a girl soon after having sex with her?

21

結婚・離婚・育児

人生の一大事であるがゆえに、時にはかなり重い内容を含む結婚・離婚。実際に国際結婚する人は多くないかもしれませんが、結婚や離婚が話題に上がる確率はかなり高いでしょう。夫婦のことは夫婦にしか分からないものですが、当事者も部外者も、言いたいことを言えるように、数々の表現を用意しておきましょう。

01 結婚

- **Mr. Right** 理想の男性、夫としてふさわしい男性
- **go-between** 仲人
- **keep/have ... under one's thumb** ～を尻に敷く
  (「親指で押さえつける」が直訳)
- **wear the pants** 家庭内の主導権を握る
- **pros and cons** プラス面とマイナス面
- **arranged/love marriage** 見合い／恋愛結婚
- **same-sex marriage** 同性婚
- **wedding anniversary** 結婚記念日

夫としてふさわしい理想の男性を探している。
I'm looking for Mr. Right.

彼女は、僕の人生に起きた最も素敵な出来事。
She is the best thing that ever happened to me.

結婚なんて時代遅れだ。
Marriage is old-fashioned.

仲人を頼まれた。
I was asked to be the <u>go-between</u>.

見合いの世話人
matchmaker

お互いを見つけられたことは本当に幸せ。
I'm so glad we found each other.

結婚届を出しました。
We've had our marriage registered.

僕らは正式に結婚したんだ。
Now we're officially married.

旧姓を使い続けています。
I still use my birth name.

私たち、夫婦別姓です。
We have different surnames.

我が家が最高。
There is no place like home.

結婚では、小さなことが、大きなこと。
The little things are the big things in marriage.

家事は全部、私。
I do all the housework.

夫は家事分担を嫌がらない。
My husband is willing to share the housework.

まともに顔を見るのは週末だけ。
We really see each other only on weekends.

主導権は僕が握っている。
I'm the one in charge.

知らぬは亭主ばかりなり。（諺）
The husband is always the last to know.

彼女は亭主を尻に敷いている。
She keeps her husband under her thumb.

この家は妻が仕切っている。
My wife wears the pants in our house.

それが結婚生活の秘訣。
That's the art of marriage.

見合い結婚と恋愛結婚、どちらにも良い面と悪い面があるね。
There are pros and cons in both arranged marriage and love marriage.

同性婚って、どう思う？
What do you think of same-sex marriages?

明日は、私たちの5回目の結婚記念日。
Tomorrow is our 5th wedding anniversary.

末永く幸せに暮らしましたとさ。
They lived happily ever after.

02 離婚・再婚

- **file for divorce** 離婚届を出す
- **in jeopardy** 危機にさらされている、危うい
- **mentally abusive** 精神的に虐待するような
- **good for nothing** 役立たず
- **divorce/marriage form/paper** 離婚／結婚届
- **separate** 引き離す、別居する
- **custody battle** 親権争い
- **alimony**（離婚、別居後に相手に払う）生活費、扶養手当

離婚したい。
I want a divorce.

私、離婚するの。
I'm getting divorced.

離婚届を出した。
We filed for divorce.

最初の1年ほどは、とてもうまくいきそうに見えた。
It seemed to work really well for about a year.

僕の結婚は今、危機的状態だ。
My marriage is in jeopardy.

完璧な関係なんてないんだよ。
No relationship is perfect.

この精神的に苦痛な結婚から逃れたい。
I want to leave this mentally abusive marriage.

夫がだんだん虐待的になってきた。
My husband is becoming abusive.

まったく役立たずなのよ。
He is so good for nothing.

あなたは、さんざん私の信用を裏切ったわ。
You violated my trust on so many occasions.

彼は離婚届を破った。
He tore up the divorce form.

妻に逃げられた。
My wife left me.

別居中だ。
We've been separated.

しばらく別居したい。
I want to get separated for a while.

私たちにとっては、離婚が一番の解決法。
Divorce is the best solution for us.

何度か調停を行った。
We had mediation sessions.

誰が何を取るのか、決めないと。
We have to decide who gets what.

賄える範囲で最高の弁護士を雇った。
I hired the best attorney my money could buy.

子供たちのことが第一だ。
Children are the top priority.

親権争いの最中だ。
We're in a custody battle.

前妻（前夫）が、子供に会わせてくれない。
My ex won't let me see my children.

最初の結婚で得た3人のかわいい子供の親権を、ついに勝ち取った。
I finally won custody of my three wonderful children from my first marriage.

ついに家族を取り戻した。
I finally have my family back.

毎月、生活費と養育費を払っている。
I pay alimony and child support every month.

私たちは再婚同士。
This is the second marriage for both of us.

子供たちは新しい父親になついた。
The kids took to their new father.

彼女は、僕が再婚するとは全然思っていなかった。
She never expected me to get remarried.

子供たちが離婚を乗り越えるため、僕に何ができるだろう。
What can I do to help my children survive and heal from the divorce?

人生の新しい一章が始まったんだ！
A new chapter of my life has just begun!

03 妊娠・出産

- **pregnancy test** 妊娠検査
- **fertility treatment** 不妊治療
- **... week of pregnancy** 妊娠第〜週
- **due date** 出産予定日、締め切り、満期日
- **labor** 陣痛、労働（**labor room** 分娩室）
- **premature baby/delivery** 未熟児／早産
- **maternity/paternity leave** 母親の／父親の育児休暇

僕らは子供をつくるつもりだ。
We plan to have a baby.

1週間遅れているの。
I'm a week late.

妊娠検査薬を買った。
I bought a pregnancy test kit.

陽性だった。
It was <u>positive</u>.

陰性
negative

不妊治療中だ。
I'm under fertility treatment.

妊娠しています。
I'm with child.

=I'm pregnant.

妊娠8週目です。
I'm in my eighth week of pregnancy.

妊娠が分かって大喜びしている。
She's ecstatic about being pregnant.

あなたはお父さんになるのよ。
You're going to be a father.

私たち、もっとお母さんらしく、お父さんらしくならなくちゃね。
We should act more motherly and fatherly.

つわりがひどい。
I have bad morning sickness.

何の匂いでも吐き気がする。
Any smell makes me feel nauseous.

予定日は11月14日。
The baby is due on November 14th.

予定日が近づいている。
It's getting close to the due date.

逆子だった。
The baby was in breech position.

破水したわ。
My water has broke.

妻の陣痛が始まった。
My wife has gone into labor.

いきんで、いきんで！
Push, push!

元気でかわいい男の子ですよ。
It's a beautiful healthy boy.

親になるには早いよ。
We are not ready to be parents.

人工中絶することに決めた。
They decided to have an abortion.

流産だった。
She had a <u>miscarriage</u>.

死産
stillbirth

未熟児だった。
It was a <u>premature baby</u>.

早産
premature delivery

難産だった。
It was a difficult birth.

6ヵ月産休を取ります。
I'll take maternity leave for six months.

04 赤ちゃんの世話

- ‣ **breast-feed/bottle-feed** 母乳／ミルクで育てる
- ‣ **diaper change** オムツ替え
- ‣ **disposable** 使い捨ての、処分できる
- ‣ **rash** 発疹、吹き出物、あせも
- ‣ **cuddle** 抱きしめる、抱き上げてかわいがる、すり寄る

いい子ね。 （男子の場合）
Good girl. boy

ぼく、ゴキゲンね。 （女子の場合）
You are a happy boy. girl

おしめが濡れてるね。
You are wet.

笑顔がいいね。
You have a beautiful smile.

彼女、このあいだ出産したの。
She had a baby the other day.

3ヵ月前に長男が生まれた。
We got our first son three months ago.

つきっきりで見ていないといけない。
He requires my full attention.

㉑結婚・離婚・育児

母乳で育てているわ。
I breast-feed my baby.

粉ミルクで育てる
bottle-feed

おむつ替えたほうがいいみたいよ。
I think he needs a diaper change.

紙おむつって、よくできてるね。
Disposable diapers work so well.

おむつかぶれに、この軟膏を塗って。
Put this ointment on the diaper rash.

今夜は僕がお風呂に入れる番なんだ。
It's my turn tonight to bathe the baby.

赤ん坊に一晩中、眠ってもらいたい。
I want my baby to sleep through the night.

赤ちゃんが夜泣きして、目が覚めた。
The baby cried at night and woke me up.

泣いている赤ちゃんを抱き上げて、あやした。
I picked up the crying baby and cuddled her.

赤ちゃんの世話って大変。
Taking care of a baby is a lot of work.

哺乳瓶を煮沸消毒した。
I boiled the baby bottles.

おっぱいが張ってる。
My breasts are swollen.

赤ちゃんに、よだれかけを着けてあげて。
Put the bib on the baby.

ミルクから離乳食に変えたところ。
We've just switched from milk to baby food.

市販のベビーフードって便利。
Commercial baby foods are convenient.

ベビーフードは自分で作ってる。栄養があって安いから。
I prepare baby food myself. It's nutritious and low in cost.

05 子育て

- ▶ **a bundle of ...** 〜の塊、束、包み
- ▶ **quality time** 素敵な充実した時間、楽しく上質な時間
- ▶ **rebellious stage** 反抗期
- ▶ **adolescent** 思春期の（子）
- ▶ **be open with ...** 〜に率直になる、まっすぐに向き合う

お行儀よくしてね。
Behave yourself.

後片づけは自分でね。
Pick up after yourself.

それは駄目よ。大人になったらね。
You can't have (do) it. That's for grown-ups.

まったく子供は何をするか分からない。
Kids are so unpredictable.

この子は元気の塊！
He's a bundle of energy!

お父さんにそっくりね。
He really looks like his father.

しつけのよくできた子だ。
She's well disciplined.

私は子供を絶対に車に置いていかない。
I would never leave my children alone in the car.

子供の個性を尊重したい。
I want to respect the child's personality.

私はいつもあの子を見守っている。
I'm always there for him.

それは親の務め。
That's parents' responsibility.

子供は母に預けてきたわ。
I left my kids with my mom.

自分に子ができるまで、子供は嫌いだった。
I didn't like children until I got one.

私を見ると、子供たちの顔がぱっと明るくなる。
My children's faces light up when they see me.

親は子に、良いことと悪いことを教える責任を負っている。
Parents have a responsibility to teach kids right from wrong.

家族で良い時間を過ごしたい。
I want to spend quality time with my family.

息子がどんどん自立していくのには、驚かされる。
It's amazing to see my son getting more and more independent.

反抗期に入ってね。
He entered the rebellious stage.

今、思春期なの。
She's an adolescent.

子供には、親に打ち明けづらいこともある。
Sometimes it's hard for children to be open with their parents.

子供はいつまでも子供じゃないのよね。
Kids don't stay kids forever.

06 教育

▸ technical school　専門学校
▸ placement rate　就職率
▸ mock exam　模擬試験
▸ graduate school　大学院

子供を保育園に入れるのに、順番待ちをしている。
I'm on a waiting list to enroll my child in a nursery.

水曜日は塾へ行く。
She goes to cram school on Wednesdays.

明日は授業参観日。
Tomorrow is Parents' Day.

息子が学校でいじめられているようだ。
My son seems to be bullied at school.

すべて学校に任せっきりにはできない。
You can't leave everything to school.

子供の教育費を貯金しないと。
We need to save money for our child's education.

息子は学校の成績がとてもいい。
My son is very good at school.

娘の成績が上がった。
My daughter's grades have gone up.

成績表を嫌々渡してくれた。
He gave me his school report card reluctantly.

息子のことで学校に呼び出された。
I got called down to the school office because of my son's behavior.

5日間の停学になった。
He was suspended from school for five days.

高校を中退した。
He dropped out of high school.

大学はどこに行きたいの？
Where do you want to go for college?

専門学校に行くつもり。
I'm planning to go to a technical school.

その学校の就職率は、かなり高い。
That school has a quite high placement rate.

あの子は受験勉強をしている。
He's been preparing for the entrance examination.

先週末、模擬試験を受けた。
He took a mock exam last weekend.

ABC大の入試を受けるつもり。
She's going to take the entrance exam for ABC University.

短大
Junior College

大学院に合格した。
She was accepted to graduate school.

22

IT・SNS

ほとんどの人が、コンピューターや携帯電話を使って生活している現代。これらに関する表現を覚えておくと、いざというとき、かなり役立ちます。コンピューター用語には英語が多いものの、どんな動詞と組み合わせるか、会話でどう表現するかを理解していないと、なかなか実際に使えません。「なるほど、こう言うのか」と、楽しみながら学んでください。

01 インターネット接続

- ▸ **reception** 電波の受信状態
- ▸ **line** 回線
- ▸ **earbuds** イヤホン

Wi-Fi がなかったら終わる。
Without Wi-Fi, my life would end.

インターネットに接続できますか？
Can you access the Internet?

Wi-Fi の接続がよくない。
The reception is bad.

Wi-Fi が遅い。
My Wi-Fi is slow.

通信状態が今ひとつ。
The line isn't very good.

つながった状態をキープできない。
I can't stay connected.

なぜか接続が切れてしまった。
I got cut off for some reason.

今、私の iPhone の Wi-Fi がつながらない。
Wi-Fi is not working on my iPhone.

そのエリアに Wi-Fi のホットスポットはありますか？
Is there a Wi-Fi hotspot in the area?

ここに無料 Wi-Fi はありますか？
Do you have free Wi-Fi here?

Wi-Fi のパスワードを教えてもらえますか？
Can I have the Wi-Fi password?

お客様用の Wi-Fi はございません。
There is no Wi-Fi available for customer use.

サーバーはメンテナンスのため現在ダウンしている。
The server is currently down for maintenance.

Bluetooth がうまくいってない。
Bluetooth isn't working.

私の Bluetooth イヤホンが携帯電話に接続できない。
My Bluetooth earbuds won't connect to my cell phone.

02 機器トラブル

- ▸ **reboot/restart** 再起動させる
- ▸ **spill** こぼす（過去形は spilled または spilt）
- ▸ **blur** ぼんやりする、にじむ、汚れる
- ▸ **crooked** 曲がっている、ゆがんでいる［krúʹ kid］
- ▸ **compatible with ...** ～と互換性がある

ああ、固まっちゃった！
Oh, it froze!

こいつ、固まってばかりだよ。
This thing keeps freezing.

キーを押してみるけど、反応しない。
I hit keys, but it won't respond.

タップしてもタッチパッドが反応しない。
The touchpad doesn't react to tap.

モニターが破損している。
The monitor is damaged.

電源が勝手に切れてしまう。
It automatically shuts off.

ディスクが出てこない。
It won't eject a disc.

私のノートパソコンはどうして動作がこんなに遅いのかしら。
Why is my laptop running so slow?

僕はたくさんのアプリを開きっぱなしにしてる。
I have many apps left open.

1回、再起動してごらん。
Reboot it once.

タブレットを誤って落としてしまった。
I accidentally dropped my tablet.

キーボードにコーヒーをこぼしてしまった。
I spilled coffee on the keyboard.

修理か買い替えになる。
It will be either repaired or replaced.

データはクラウドに保管してある。
I keep my data in the <u>Cloud</u>.

外付ハードドライブ
external hard drive

念のためデータのバックアップをしてある。
I took backups just in case.

修理のためにお店に持って行く。
I'm taking it to the store to get fixed.

保証内で修理してもらえるはず。
It should be fixed under warranty.

インクがにじむようになった。
The ink began to blur.

印刷が曲がっている。
It's printed crooked.

このプリンターはヘッドクリーニングが必要だ。
The printer needs head cleaning.

前のマシンで作ったファイルを読むことができますか？
Can I read the files I made with my old machine?

これは僕が使っているもう一方のとは互換性がない。
This one is not compatible with the other one I use.

このファイルを作ったソフトウェアが、君のパソコンにはインストールされてない。
The software this file was made on is not installed in your computer.

そのサーバーは、迷惑メールを防ぐ有料サービスを提供している。
The server has a paid service to block spam emails.

すごく不便。マック使用者をいじめるな！
It's very inconvenient. Don't abuse Mac users!

▶ **threat** 危険な存在、脅かすもの、脅迫
▶ **wildfire** 急速に燃え広がる炎、野火、山火事

コンピューターウイルスは大変な脅威。
A computer virus is a major threat.

何らかのウイルス対策ソフトを入れておかないと怖いよ。
You'd better install some kind of antivirus software.

少なくとも週に1回はウイルス完全スキャンをするように。
Run a full virus scan at least once a week.

取り返しのつかないデータ損失が起きるかもしれないぞ。
You could lose all the data you wouldn't be able to replace.

ウイルスでデータがすべて消えてしまった。
All the data was lost to a virus.

僕のコンピューターはウイルスにやられているかもしれない。
My computer may be infected with a virus.

そのコンピューターウイルスは、野火のように広がった。
The computer virus spread like wildfire.

▶ **chronological** 時系列の
▶ **side by side** 並んで

パソコンのことで、ちょっと教えてもらえますか？
Could you help me out with something on the computer?

パソコンを立ち上げて。
Start up the computer.

そのアイコンをクリックして。
Click on the icon.

小さなウィンドウが立ち上がった。
A small window popped up.

別のメニューが出てくるよ。
Another menu appears.

ファイルは時系列で並んでいる。
Files are shown in chronological order.

インターネットでフリーソフトをダウンロードした。
I downloaded some free software from the Internet.

パワーポイントをマスターするのに、それほど時間はかからなかった。
It didn't take me long to master PowerPoint.

中古のデスクトップパソコンを安く買った。
I bought a used desktop computer very cheap.

ファイルを2つ並べて開けるように、大きな画面が必要なんだ。
I need a big screen so that I can open two files side by side.

自分でパソコンのセットアップをした。
I set up the computer by myself.

そんなに古くないし、ちゃんと動く。
It's not that old and it still does the job.

出張にはいつもノートパソコンを持って行く。
I take my laptop on business trips.

重さは1.5kg だ。悪くないよ。
It weighs 1.5 kg. It's not bad.

モニターは17インチだ。
It's got a 17 inch monitor.

メモリーはどれくらいあればいいんだろう。
How much memory do I need?

このコンピューターが搭載できるメモリーは、最大いくつまで？
What's the maximum amount of memory this computer can support?

コンピューターのメモリーを増やしたらいいのに。
Why don't you increase your computer's memory?

どこのプロバイダーを使ってる？
Which Internet provider do you use?

- ▸ **vibrate (function)** マナーモード
- ▸ **connection/reception** （通信の）受信、電波
- ▸ **public place** 公共の場
- ▸ **pay-as-you-go** 従量課金制の
- ▸ **unused call minutes** 未使用の通話分
- ▸ **carry over ...** 〜を繰り越す
- ▸ **standby screen** 待ち受け画面
- ▸ **manufacturer** メーカー、（大規模な）製造業者
- ▸ **camera phone** カメラつき携帯

そろそろスマホを買い替えたい。
I want to replace my smartphone soon.

また携帯を変えたのね。
You've changed your cell phone again.

ねえ、携帯が鳴ってるわよ。出ないの？
Honey, your cell phone is ringing. Aren't you going to get it?

携帯をマナーモードにした。
I set my cell phone to vibrate.

公共の場では、マナーモードにするか、切るようにしている。
I use the vibrate function or turn it off in public places.

声が途切れるね。こちら側のせい？
Your voice is breaking up. Is it my end?

電波のいいところでかけ直すよ。
I'll call again where the reception is better.

切れちゃった。
The line was cut off.

携帯で彼にメールした。
I mailed him by cell phone.

ギガの制限を越えたくない。
I don't want to go over my GB limit.

私は従量制プランを使っている。
I use a pay-as-you-go plan.

使わなかった通話分は翌月に繰越になる。
Your unused call minutes carry over to the following month.

完璧な1枚が撮れるまで自撮りしまくった。
I took so many selfies until I got a perfect shot.

飼い犬の写真を待ち受け画面に使っている。
I use my dog's image as the standby screen.

私のスマホにその写真があったはず。
I think I have the picture in my phone.

そのタブレット、どこのメーカーの？
Who is the manufacturer of your tablet?

だんだん充電が持たなくなってきてる。
The battery life is getting shorter.

スマホがないと不安。
I feel uneasy without my phone.

スマホ依存症を抜け出そうと頑張ってます。
I'm trying to break a smartphone addiction.

充電が70%。
The battery is at 70 percent.

電池が切れそう。
The battery is almost dead.

彼女のスマホの画面はヒビ割れている。
Her phone's screen is cracked.

スマホが水没した。
I dropped my smartphone into water.

格安スマホを使ってる。
I use a low-cost smartphone.

スマホを長く見過ぎて目が痛い。
My eyes are sore after staring at my phone for too long.

ブルーライト用フィルターの効果があるといいんだけど。
I hope the blue light filter works.

その男は、女性のスカートの下にカメラつき携帯を挿し入れたことで捕まった。
The man got caught for sliding a camera phone under a woman's skirt.

06 ウェブサイト・検索

- ▸ look up ...　〜を（辞書などで）探す、（言葉を）調べる
- ▸ **Internet search**　ネット検索
- ▸ **search result**　検索結果
- ▸ **popup ad**　ポップアップ広告
- ▸ **informative** 情報を与える、有益な
- ▸ **handy** 役に立つ、使いやすい
- ▸ **browser history**　閲覧履歴

それ、ネットで調べてよ。
Go online and look it up for me.

ロンドンの英語学校について、インターネットで検索してみよう。
Let's do an Internet search for English schools in London.

好きな検索サイトはどこ？
What's your favorite search site?

キーワードをいくつか入れると検索結果が出てくる。
Enter some keywords and the search result will come up.

ポップアップ広告って、すごくうっとうしいよね。
Popup ads are so annoying.

㉒ IT・SNS

そのサイトがすごくためになると思った。
I found the site very informative.

このサイト、すごく便利。「お気に入り」に入れよう。
This site is very handy. Let's bookmark this site.

念のため履歴は消しておいたほうがいいな。
I'd better erase the browser history just in case.

07 SNS

Track 157

- instagrammable インスタ映えする
- insta-worthy インスタグラム掲載に値する
- handle ハンドルネーム（英語では handle name とは言わない）
- video 動画
- like いいね
- spoiler （成功、楽しみなどを）台なしにする人、ぶち壊すもの
- trending topic （主にツイッターの）話題になっているトピック

この料理はインスタ映えするね。
This food is instagrammable.

インスタ映えする画像を撮りたい。
I want to take insta-worthy pictures.

レストランの写真をインスタに上げるね。
I'll post some pictures of the restaurant on Instagram.

この画像はインスタに載せるのに完璧でしょ。
This picture is perfect for Instagram!

インスタでフォローしてね。
Follow me on Instagram.

あなたのインスタ教えて。
What is your Instagram handle?

彼、インスタライブ配信してるよ！
He's going live on Instagram!

彼女はインスタのフォロワーが多い。
She has many followers on Instagram.

投稿にいくつかハッシュタグを付けた。
I added a few hashtags to my post.

何かおもしろいことや便利なことを探すのにハッシュタグを使ってる。
I use hastags to find something interesting or useful.

ツイッターやってます。
I do Twitter.

明日はツイッター離れます。
I'll be off Twitter tomorrow.

今ツイッターであまりつぶやいてない。
I'm not very active on Twitter now.

ツイッターに短い動画を投稿した。
I uploaded a short video on Twitter.

拡散希望。
Please RT(=retweet).

広めて！
Pass it on!

ネタバレ注意！
Spoiler alert!

それ、今ツイッターですごく盛り上がってるよ。
Now it's a Twitter's trending topic.

彼のツイートが今バズってる。
His tweet is now going viral.

あなたの投稿、見たよ。
I saw your post.

これはインターネットに投稿しないでください。
Please don't post this on the Internet.

間違って彼のフォローを外してしまった。
I unfollowed him by accident.

フェイスブックやってる？
Are you on Facebook?

ビジネス用のフェイスブックを持ってるんだ。
I have my Facebook business page.

ほぼ毎日更新しているんだ。
I update it almost every day.

何ヵ月もほったらかしだ。
It's been left untouched for months.

「知り合いかも」に彼女の名前が出てきた。
Her name came up in my "People You May Know" list.

私を友達承認してください。
Please accept my friend request.

ハワイ好きならシェア。
Share if you like Hawaii.

これ私のアカウント。暇なときに見て。
Here is my account. Please visit when you have time to spare.

個人情報は明かさないわ。
I don't reveal any personal information.

彼の投稿にはいつもいいねしてる。
I always like his posts.

いいねありがとう！
Thank you for your like!

08 メール・メッセージアプリ

- ▸ spam 大量送信される広告メール
- ▸ sticker ステッカー、（LINE などの）スタンプ
- ▸ featuring 〜を主役とした、あしらった
- ▸ notification 通知

メールアドレス教えてくれる？
Can I have your email address?

添付の書類をチェックして、コメントをください。
Please check the attached document and give me your comment.

その書類はパワーポイントで作成されています。
The file is made on PowerPoint.

メールサーバーからメールを取得した。
I retrieved my emails from the mail server.

企業の主要連絡ツールとしてのメール離れが進んでいる。
More companies are moving away from email as their primary communication tool.

スパムは永久になくならない。
Spam never dies.

LINE は日本で最も人気のメッセージアプリです。
LINE is the most popular messaging app in Japan.

LINE やってますか？
Do you <u>have</u> LINE?

use

連絡先を交換しよう。
Let's exchange contacts.

好きなキャラクターのかわいいスタンプを手に入れた。
I got a set of cute stickers featuring my favorite character.

動いたり、音が出るスタンプが好き。
I like those animated and sound stickers.

どういうわけかメッセージが遅れて届いた。
Your message somehow arrived late.

メッセージは既読になっていない。
The message is not marked read.

既読のまま彼に3日間放置されている。
He has left my message on read for three days.

既読スルーしないでよ。
Don't leave me on read.

メッセージアプリで彼をブロックした。
I blocked him on the messaging app.

当店を LINE で友達追加してください。
Please add our store on LINE as a friend.

そのアカウントの通知を切った。
I turned off notifications from the account.

09 アプリ

- image editing 画像編集
- pre-installed 予めインストールされている
- in-app アプリ内の
- implement （計画などを）実施する、（プログラムに機能を）実装する

何かいいアプリ知ってる？
Do you know any good apps?

ポップマップっていう、すごいアプリを見つけたんだ。
I've found a great app called PopMap.

画像加工アプリって便利だよね。
Image editing apps are useful.

それは最初から入ってるアプリですね。
That's a pre-installed app.

スマホで何かゲームしてる？
Do you play any game apps on your phone?

そのアプリ、無料でダウンロードできるよ。
You can download the app for free.

アプリ内課金をした。
I made an in-app purchase.

このアプリはバグが多すぎる。
This app has too many bugs.

通知が多すぎる。
There are too many notifications.

そのアプリ、重かったから消しちゃった。
I deleted the app as it was too big.

彼をアプリのコミュニティに招待した。
I invited him to the app's community.

この人とはアプリで知り合ったけど、実際に会ったことはない。
I got to know this person on the app, but I've never met her in person.

このアプリは私の新しい携帯電話に引き継げない。
This app can't be carried over to my new phone.

もうそのアプリのアップデートした？
Have you updated the app yet?

新機能が実装されたよ。
A new feature is implemented.

使っているアプリを見れば、その人のことが分かる。
A man is known by <u>the apps he uses</u>.

（諺）付き合っている友達
the company he keeps

22
I
T
・
S
N
S

★いいね = Like

　Instagram、Twitter、Facebook での「いいね」は、英語ではすべて Like です。Twitter はかつて、しおり機能として Favorite を使用していましたが、今では他と同じ Like に。「いいね〇件」は、〇 Likes と表記されます。ちなみに YouTube の「グッド、高評価」も、英語では Like です。「いいね」の反対、低評価は Dislike。
「投稿／動画にいいねする」は、like the post/video と言います。

23

エンタメ

映画、音楽、小説などは、楽しみながら学べる恰好の教材。たくさんの名作、ヒット作に触れる、または好きなものを繰り返し鑑賞するのは、生きた英語を身につけるのに役立ちます。好きなアーティストや有名人の SNS をフォローしてコメントしたりするのも、楽しい勉強法です。

01 何を観るか（映画・舞台）

▶ **play/show**　上映する、上演する
▶ **starring/co-starring**　主演／共演している
▶ **blockbuster**　（映画などの）大ヒット、衝撃を与えるもの、大型爆弾
（「一街区を吹き飛ばすもの」が直訳）

映画を観に行きたい気分。
I feel like going to a movie.

どんな映画が好き？
What kind of <u>movies</u> do you like?

音楽／本
music / books

暴力的な映画は大嫌い。
I hate violent movies.

ホラー映画なんて、絶対に観に行かないわ。
I would never want to go to a horror movie.

滞在中にミュージカルを観たいです。
I want to see a musical during my stay.

ロマンスなんていいね。
Romance would be nice.

今何をやっているの？
What's playing now?

誰が出ているの？
Who's in it?

誰が主演なの？
Who's starring in it?

それって、ジョニー・デップが出てる映画じゃない？
Isn't that the movie Johnny Depp is in?

ハリウッド超大作だね。
That's a Hollywood blockbuster.

実話を基にしているんだよ。
It's based on a true story.

何をやっているのか見てみよう。
Let's check what's playing.

歌と踊りがいっぱいで、おすすめのミュージカルは？
Please recommend a musical with a lot of singing and dancing.

キャッツが、とてもいいと思います。
Cats would be a great choice.

シネ・ワンでターザンをやっています。
Tarzan is showing at Cine One.

そのクラシックコンサートは無料で一般公開されます。
The classical concert is free and open to the public.

02　動画配信

- ▸ streaming 配信
- ▸ slayer 退治人、殺害者
- ▸ (TV) show 番組
- ▸ paid-subscriber 有料会員（subscriber ＝定期購読者、受信契約者、加入者）

その映画、配信サイトにあるかな？
Is the movie on <u>a streaming sevice</u>? Amazon Prime / NetFlix / Hulu

---

「鬼滅の刃」シリーズって、どこの配信サイトで観られる？
Where can you stream the "Demon Slayer" series?

配信サイトで昔の TV 番組を観るのにはまってる。
I'm into watching old TV shows on a streaming site.

ああ、子供の頃この番組が大好きだった。
Oh, I loved this show when I was a child.

それ私の「見たい作品リスト」に何ヶ月も入ってる。
It's been on my watchlist for months.

残念。有料会員じゃないとダメだって。
Too bad. Only for paid-subscribers.

好きなユーチューバーの購入品紹介動画を観た。
I watched a haul video by my favorite YouTuber.

あるサムネイルが気になった。
One thumbnail caught my attention.

そのチャンネルは神戸の主婦が運営している。
The channel is run by a housewife in Kobe.

私のチャンネルにようこそ。
Welcome to my channel!

はじめましての方、私はエリーです。
If you're new here, I'm Ellie.

すべてのリンク、その他詳細は下の概要欄に記載しておきます。
I'll have all the links and other details in the description below.

動画を楽しんでもらえたなら幸いです。
I hope you enjoyed the video.

いいねとチャンネル登録をしてもらえたらありがたいです。
I'd appreciate it if you'd like and subscribe.

どう思いますか？　下のコメント欄で教えてください。
What do you think? Let me know in the comments below.

03 チケット入手

- ▸ **go on sale** 発売となる
- ▸ **scramble for ...** ～を奪い合う、～に奔走する
- ▸ **advance ticket** 前売り券
- ▸ **performance** 公演
- ▸ **seating chart** 座席表
- ▸ **the first/second lottery round** 一次／二次抽選

ミュージカル「シカゴ」のチケットって、どこで買えるかな？
Where can I get tickets for the musical Chicago?

ラブラビッツのコンサートを2席予約したいんです。
I'd like to book two seats for the LoveRabbits concert.

彼らのコンサートチケットが今朝10時に発売になる。
Their concert tickets will go on sale at 10 a.m. today.

まずチケット販売アプリをダウンロードしないとね。
You need to download the ticketing app first.

ファンがチケット争奪戦を繰り広げている。
Fans are scrambling for tickets.

チケット販売サイトがダウンしてる。
The ticket site is down.

10月10日の前売り券が2枚欲しい。
I want to get two advance tickets for October 10th.

午後2時30分と午後7時の回のチケットがまだ少し残っている。
There are a few tickets left for the 2:30 p.m. and 7:00 p.m. performances.

立見席がまだ残っている。
Standing room tickets are still available.

桟敷席／1階前列席／2階席
box/orchestra/balcony seat

すべての席が同じ列の隣同士になるようにしたいんです。
I'd like to have all the seats side-by-side in the same row.

すごくいい席がとれたよ。
We've got great seats.

がっかりしないで。会場から生配信があるよ。
Don't be disappointed. There will be a live stream from the site.

座席表を見せてくれる？
Can I see the seating chart?

僕らの席は5列目だ。
Our seats are in the <u>fifth row</u>.

後方の列
back row

チケット抽選の結果が明日メールで送られてくる。
The results of the ticket lottery will be emailed tomorrow.

一次抽選で外れちゃった。
I lost in the first lottery round.

やった！　二次抽選でチケットをゲットした。
Yes! I won the tickets in the second lottery round.

㉓エンタメ

チケットは入手困難。私はラッキーな人の1人だわ。
The tickets are hard to get. I'm one of the lucky ones.

04 イベント

- **food stall** 屋台
- **admission** 入場料
- **venue** 開催地
- **watch party** 多人数で一緒に鑑賞、観戦する会合

今週末は地元の夏祭りなんだ。
There will be a local summer festival this weekend.

屋台で食べるの大好き。
I love eating at food stalls.

雨天決行です。
The event will not be cancelled for rain.

子供は入場無料。
There's no admission for children.

数は限られているけど、来場者用の駐車場がある。
There is limited visitor parking available.

パブリックビューイングの会場って、どんなとこがあるの？
Where are the public viewing venues?

公園に巨大スクリーンが設置される。
A mega screen will be put up in the park.

会場で会おう！
Let's meet at the venue!

僕のうちに皆で集まって一緒に観るよ。
We'll have a watch party at my house.

05 推し

- ▸ **fave** 推し（**K-pop** 界隈では **bias** と言う）
- ▸ **socialize with ...** 〜と交流する
- ▸ **blind pack** 開けて見るまで中身が分からないパッケージ
- ▸ **fandom** 特定の作品、人、分野を取り巻く熱心なファン、その活動の総称
- ▸ **freak** 熱狂的ファン、変わり者
- ▸ **geek** オタク

あなたの推しは誰？
Who is your fave?

あなたの大ファンです。
I'm a huge fan of yours.

推しが尊い。
My fave is so precious.

超絶かわいい。
She's just absolutely cute.

同担拒否です。
I don't socialize with other fans of my fave.

㉓エンタメ

423

箱推しです。
I'm a fan of the whole group.

推ししか勝たん。
My fave really is the best.

アンチは無視だよ。
Ignore the haters.

あのキャラのグッズが絶対に欲しい。
I'm dying to get the character's merch.

merch = merchandise（商品）

ランダム封入だから、何が出るか分からない。
They're sold in blind packs and you can't tell what you'll get.

何をおいても彼が大事。
He is my first priority.

彼の SNS の投稿をいつもチェックしている。
I keep checking his social media posts.

あのバンドのファンは評判が悪い。
The band's fandom has a bad reputation.

僕はアニメオタク。
I'm an anime freak.

彼らは僕のオタク仲間。
They're my geek friends.

これが週に一度の楽しみなんだ。
This is my once-a-week pleasure.

私の熱中ぶりについて、先に謝っとくね。
Sorry in advance for my craziness.

これ良すぎでしょ。
This is just too good.

これもう私には無理だー、いい意味で。
This is too much for me, in the best way.

語彙力が足りない。
My poor vocabulary can't describe this.

これ、やばい。
I can't handle this.

handle = 処理する

やめて。やりすぎだよ。大好き。
Stop it. It's too much, and I love it.

エンタメ

友達と一日ずっと彼の話をしている。
I keep on talking about him with my friends all day long.

私「かわいい」って何回言った？
How many times did I say "cute"?

愛くるしくて、衝撃的で、とにかくそういうの全部。
Absolutely adorable, stunning, just all of the things.

425

私たちの彼への愛を見せてあげようじゃない！
Let's show our love to him!

06

好評 (^.^)（映画・舞台・音楽・本）

- ▸ **unique** ユニーク、他にない
- ▸ **at the edge of one's seat** 座席に浅く腰かけて（はらはらして、気になって、深く腰かけていられない）
- ▸ **work** 作品
- ▸ **have the time of one's life** 最高の時を過ごす、心から楽しむ

君もきっと気に入るよ。
You'll love it.

スリラーが好き。
I like _thrillers_.

恋愛もの／探偵もの／コメディ
romance / detective stories / comedies

絶対に観るべきよ。
You must see it.

すごく変わってる。
It's very unique.

＊良い意味だが、ほめようがないものに対して使われることも多い。

読む価値がある。
It's well worth _reading_.

観る
watching

新しいタイプの音楽だ。
It's a new kind of _music_.

映画／小説
movie / novel

いまだに名作と呼べるものだ。
It's still a masterpiece.

過去最高の戦争映画だ。
It's the best war movie ever.

これはデートにぴったりの映画ね。
This is the perfect date movie.

これは完璧なロマンティックコメディ映画だ。
This movie is the perfect romantic comedy.

公開されたときに劇場で観て、それ以来その映画を何十回も観てる。
I saw the film in the theater when it first came out, and have seen it dozens of times since.

音楽と映像に驚嘆させられるよ。
The music and visuals are stunning.

スリルとサスペンスに満ちたエンターテインメントだ。
It is thrilling, suspenseful entertainment.

じっと座ってられないよ。
It keeps you at the edge of your seat.

タイム誌を購読している。
I subscribe to TIME magazine.

オードリー・ヘップバーンの映画なら、出てるものは全部観たし、持ってる。
I've seen and own every Audrey Hepburn movie out there.

㉓エンタメ

ハリーポッター・シリーズは本当におもしろかったな。
I really enjoyed the Harry Potter series.

彼女の文章は、キレがよく見事に制御されている。
Her writing is very crisp and controlled.

僕は彼のファンタジー小説が大好きだ。現実に耐えられないから。
I love his fantasy novels because I can't stand the real world.

僕は、ある作家の作品すべてというより、個々の本を楽しむほうだ。
I enjoy individual books rather than an author's whole work.

彼女はすばらしい声をしている。
She has an amazing voice.

彼らの音楽は、立ち上がって踊りだしたくなる。
Their music makes you want to get up and dance.

彼らはいつか絶対にビッグになると思うね。
I'm pretty sure that one day they're going to make it big.

彼のコンサートに行けば、心から楽しめる。
When you are at his concert you have the time of your life.

この一曲だけでもアルバムの値段分の価値はある。
This song alone is more than worth the price of the album.

これぞ本物のリズム＆ブルース。
This is what real R&B music is.

彼の作品の中でも最高の部類だ。
I think that's one of his best works.

07

不評 (>_<) (映画・舞台・音楽・本)

▸ **put ... to sleep**　〜を眠らせる
▸ **repetitive**　繰り返しの、反復的な
▸ **work on ...**　〜に取り組む、努力する
▸ **go ...**　〜となる

ひどかった。
It was awful.

金返せ。
I want a refund.

苦痛なほどにつまらない。
It's painfully boring.

専門家の批評は低かった。
It's got negative critics.

おもしろいと思わなかった。
I didn't find it entertaining.

誰にもお薦めしない。
I would not recommend it to anynoe.

㉓エンタメ

実は寝ちゃった。
In fact it put me to sleep.

ちょっと進んだところで、話の筋に興味がなくなってしまった。
I lost interest in the story-line after a while.

同じことの繰り返しになってきてる。
It's beginning to get repetitive.

彼、歌をどうにかしたほうがいいよ。
He needs to work on his vocals.

ドキドキとロマンスと、「ううむ」と唸るような何かがほしいのよね。
I want excitement, romance, and things that make you go "Hmmmm".

24

余暇

What did you do for the weekend?（週末は何してた？）と
聞かれて、Nothing.（何も）なんて答えていませんか？　そ
れでは、なんと味気ない人生かと同情されてしまいます。余暇
の過ごし方は人それぞれですが、趣味の世界には特有の表現が
多いので、自分の趣味について語れるよう、日頃から表現を集
めておきましょう。興味のある分野の英語は、身につくのも早
いものです。

01 エクササイズ

- ▶ **work out** トレーニングをする、エクササイズをする
- ▶ **take up ...** 〜を始める
- ▶ **push-up** 腕立て伏せ
- ▶ **sit-up** 腹筋運動
- ▶ **six-pack** くっきり割れた（腹）（ビール6缶パックのように割れた）
- ▶ **health/fitness club** スポーツクラブ
- ▶ **warm-up exercise** 準備運動
- ▶ **cramp** 痙攣

運動しないとまずい。
I'd better work out.

運動なんて、高校以来。
I haven't exercised since high school.

ジョギングを始めた。
I took up jogging.

毎日寝る前に、少しストレッチをする。
I do some stretching exercises every day before going to bed.

片腕で腕立て伏せができるよ。
I can do a push-up with one arm.

毎日100回、腹筋運動をしている。
I do a hundred sit-ups every day.

くっきり割れた腹筋を手に入れるぞ。
I will get a six-pack stomach.

家でトレーニング動画を見ながらエクササイズしている。
I exercise at home with workout videos.

動画で学ぶんじゃなくて、ヨガ教室に通いたい。
**I want to take a yoga class instead of learning
by video.**

スポーツクラブに入会しようと思って。
I'm thinking about joining a health club.

毎週土曜日はスポーツクラブに行く。
I go to the gym every Saturday.

週3回、ウェイトトレーニングしてる。
I work with weights three times a week.

もうすぐボディービルダーみたいになっちゃうもんね。
I will look like a bodybuilder soon.

ランニングマシンで2マイル走った。（1 mile ＝約1.6 km）
I ran two miles on a treadmill.

息切れしちゃったよ。
It made me out of breath.

㉔余暇

ものすごく汗をかいている。
I'm sweating so bad.

筋肉痛だ。
My muscles are sore.

ちゃんと準備運動をするように。
Don't skip warm-up exercises.

私はスポーツクラブに毎月1万円払っている。
I spend 10,000 yen for my fitness club every month.

元を取らなきゃ。
I have to make it worth while.

高い会員費はお金の無駄になりかねない。
The pricey membership fee can be a waste of money.

運動不足は健康に良くないよ。
Lack of exercise can be harmful to your health.

そのプールは6コース。
The swimming pool has six lanes.

私の問題は、息つぎ。
My problem is breathing.

100メートル泳げるようになりたい。
I want to be able to swim 100m.

クロールができないの。
I can't crawl stroke.

平泳ぎが得意。
I'm good at breast stroke.

溺れてるのかと思ったよ。
I thought you were drowning.

足がつったんだ。
I got a leg cramp.

水中エクササイズは、関節や筋肉に優しい運動です。
Water <u>exercise</u> is a gentle way to exercise joints and muscles.

歩行
walking

今日で3日目。今のところ、まだ続いてる。
This is my third day. I haven't quit so far.

寿命が数年延びることを期待してます。
I hope to add a few years to my life.

02 スポーツ

(1)勝敗

- ▶ the Netherlands　オランダ（the が必要）
- ▶ narrow　狭い、紙一重の、危機一髪の
- ▶ beat　（敵、競争相手を）打ち負かす、参らせる
- ▶ sweeping （勝利などが）完全な、圧倒的な

㉔余暇

どことどこが対戦してる？
Who's playing who?

今夜、日本はオランダと対戦だよ。
Japan is playing against the Netherlands tonight.

スコアは？
What's the score?

勝ってる？
Are they winning?

5対3だよ。
(It's) Five to three.

引き分けだよ。
It's a tie.

引き分けに持ち込もうとしてるね。
They're fighting for a draw.

ネットで今のスコアをチェックできるよ。
You can check the live score on the Internet.

スコアは自動でアップデートされる。
Scores will be updated automatically.

大学チームは企業チームに対して0対0で引き分けた。
The college team played to scoreless draw against the corporate team.

惜敗だった。
It was a narrow <u>loss</u>.　　　　　辛勝
win

彼らは惨敗した。
They were badly beaten.

大差をつけて勝った。
It was a big win.

ラグビー日本代表チームは強豪に圧勝した。
Japan's national rugby team made a sweeping victory over a tough team.

彼らは準々決勝に進出した。
They made the final eight.

準決勝
four

私たちは準決勝に進んだ。
We've made it to the semifinals.

準々決勝／決勝戦
quarterfinals / final

⑵応援

Track 169

▸ **close** 近い、きわどい、惜しい
▸ **national team** 国の代表チーム
▸ **the Olympic Games** オリンピック大会（**the** と複数形 **s** が必要）
▸ **spectacle** 壮観、大仕掛けのショー
▸ **deserve** 〜を受けるに値する、価値がある

僕たち来月大きな試合があるんだ。
We have a big game next month.

試合の応援に来てくれないかな？
Could you come and support the match?

㉔
余
暇

ああ、今のは惜しかった！
Oh, that was so close!

行け、行け、行け！　よし！
Go, go, go! Yes!

頼む！　頼む！
Come on! Come on!

なんで、あれは反則でしょ！
No! That was a foul!

審判は何やってんだ？
Where's the referee?

みんなで日の丸を手に応援した。
We cheered the Japanese team waving rising-sun flags.

彼女は国の代表チームのメンバーだ。
She is on the national team.

彼女は世界選手権で銅メダルを取った。
She won a bronze medal at the World Championships.

彼女は自己ベストを更新した。
She broke <u>her personal-best</u> record.
世界記録
the world-best

あの学生選手はプロになれると思うね。
The student player will make it to the pros, I think.

次のオリンピックはどこで開催されるの？
Where will the next Olympic Games be held?

開会式は息をのむような大仕掛けのショーだった。
The <u>opening</u> ceremony was a breathtaking spectacle.
閉会式
closing

私は彼にすごくメダルを取ってほしい。
I really want him to get a medal.

彼は金メダルにふさわしい。
He deserves a gold medal.

試合のすぐ後に表彰式が行われた。
The awards ceremony took place right after the game.

彼は金メダルへの大きなプレッシャーに打ち勝った。
He overcame the great pressure for a gold medal.

彼は私のヒーロー。
He's my hero.

オリンピック期間中は自然と愛国心が湧く。
We naturally feel patriotic during the Olympic Games.

03 写真

Track 170 🎧

- ▸ out of focus　ピンボケの
- ▸ tripod　三脚
- ▸ night/closeup mode　夜景／接写モード
- ▸ exposure　露出
- ▸ telephoto lens　望遠レンズ

私のニューヨーク旅行の写真、見る？
Do you want to see the pictures from my New York trip?

自分で言うのもなんだけど、これは傑作だと思う。
This is a masterpiece, if I say so myself.

なんて素敵な写真！
What a great picture!

構図がいいね。
It's well composed.

色がすばらしい。
The colors are wonderful.

いい瞬間をとらえたね。
You have really caught a wonderful moment.

赤がすごく効いてる。
The red is so powerful.

モノクロ写真って好きよ。
I like black and white photos.

このセピアの風景写真、いいね。
I like this landscape shot in sepia.

写真が全部ピンボケだった。
All the pictures turned out to be out of focus.

パノラマ写真なんて撮るつもりなかったんだけど。
I wasn't going to take panoramic pictures.

写真サイズが正しくセットされてなかった。
The picture size wasn't set right.

カメラを三脚に乗せて。
Put your camera on a tripod.

夜景モードに切り替えたほうがいいよ。
You'd better switch to night mode.

シャッタースピードと露出を手動で調節して。
Adjust speed and exposure manually.

そのバラを接写した。
I took a closeup picture of the rose.

その望遠レンズで何を撮るの？
What are you going to shoot with that telephoto lens?

僕に言わせれば、写真撮影はフィルム式カメラに限るね。
For me, film cameras are the only way to take pictures.

焼き増ししてもらえるかな。
Can you make prints for me?

㉔余暇

あなたのために焼き増ししておいたよ。
I made extra prints for you.

▸ **driver's license**　運転免許
▸ **used car**　中古車
▸ **standard equipment**　標準装備の機器
▸ **manual/automatic transmission**　マニュアル／オートマチック
変速機
▸ **visibility**　視界、見通し
▸ **sanctuary**　神聖な場所、（野生動物の）保護区、安らぎの場所
▸ **rest stop**　休憩所、（高速道路の）サービスエリア、パーキングエリア

僕は車好き。
I love cars.

20歳で運転免許を取った。
I got my driver's license when I was 20 years old.

中古車なら買えるな。
I could buy a used car.

初めて車を買ったのは24歳のとき。
I didn't get my first car until I was 24.

僕の新しいレクサスは最高だ。
My new Lexus is amazing.

オプションで車にステレオをつけた。
I ordered the stereo system option for the car.

カーナビは標準装備だ。
The navigation system is included as standard equipment.

エアバッグはついてますか？
Does it have an air-bag system?

僕の車には高度運転支援システムが付いている。
My car has ADAS, Advanced Driver Assistance System.

私の車はマニュアル車なの。
My car has a <u>manual</u> transmission.

オートマチック
automatic

これは他の車よりたくさん荷物が積める。
This one holds more stuff than most cars.

運転席が高い。
The driving position is up high.

外がよく見える。
It provides better visibility.

中が広々としている。
It's roomy inside.

新しい車でドライブに行くのは、ワクワクする。
It is a thrill to go for a ride in my new car.

車が必要だと思ったことはないね。
I've never thought I needed a car.

東京は公共の交通機関が優れている。
Tokyo has excellent public transportation.

車なんて、金がかかるから持てないよ。
A car is too expensive to own.

保険に高いお金を払わないといけない。
You have to pay a lot for insurance.

個人的な空間を持てるから、車が大好きなんだ。
What I love about cars is that it provides a personal space.

自分の車では、好きな音楽を大音量でかけている。
I play my own kind of music as loud as I like in my car.

高級感があって静かで快適な乗り心地がほしいけど、高い性能と操作性も重要だ。
I like luxury, a quiet comfortable ride, but good performance and handling are also important.

車は私の安らぎの場所だ。
My car is my sanctuary.

サービスエリアで車中泊した。
We spent a night in a car parked at a rest stop.

彼のバンは完全装備の小さな家みたいだ。
His van is like a fully equipped tiny home.

いつかキャンピングカーで国内を旅して回りたい。
One day I want to travel around the country in a camper van.

05 キャンプ

- ▸ **budget** 予算、運営費
- ▸ **skimp on …** 〜を節約する、出費を惜しむ
- ▸ **critical** 将来を左右するほど極めて重大な
- ▸ **gadget** 道具、装置、おもしろい小物
- ▸ **go solo** 単独で行動する
- ▸ **fuss** 大騒ぎ、から騒ぎ、（料理等）こまごまと手がかかること

大学時代の友だちとキャンプに行った。
I went camping with friends from college.

そのキャンプ場、行ったことある？
Have you ever been to that campground?

お財布に優しくて、いいところだよ。
It's nice and budget-friendly.

星空の下で寝て、朝もやの中でコーヒーを飲む自分を想像してみて。
Imagine yourself sleeping under stars and having a cup of coffee in the morning mist.

平らな場所を探して、さっさとテントを立てよう。
Let's find a flat space and set up the tent quickly.

㉔余暇

寝袋はケチるな。
Don't skimp on a sleeping bag.

キャンプ成功を左右するポイントだ。
That's critical to successful camping.

あのブランドのキャンプ用品はすごくかっこいい。
That brand's camping gear is so cool.

またキャンプグッズ買っちゃった。
I bought another camping gadget.

これら全部どこにしまえばいいのやら。
I wonder where I can keep them all.

まずは、役割分担だ。
First, we'll decide who does what.

新しい焚火台を試したい。
I want to try out my new fire stand.

僕の火おこしの腕前を見せてあげよう。
I'll show you my fire-making skills.

焚火でマシュマロ焼いていい？
Can I roast marshmallows on the fire?

彼はいつもおいしいキャンプ飯を作ってくれる。
He always makes us tasty camping meals.

自然の中では何でもおいしい。
Everything tastes good in nature.

今週末、ソロキャンプすることにした。
I've decided to go solo camping this weekend.

自然とも、自分自身ともつながることができる。
You can connect with yourself as much as connect with nature.

1人で行くなら、余計にちゃんと準備しておかないとね。
You should be extra prepared when going solo.

私はグランピングが好き。
I like glamping.

道具も手間もいらないキャンプ体験ね。
It's a gear-free, no-fuss camping experience.

うちの庭で寝るのだって、実際の遠出みたいに楽しめるよ。
Sleeping in your yard can be fun just like a real outing.

06 山歩き

▶ **crave** 〜をとても欲しがる、熱望する
▶ **trail** 踏み鳴らされてできた未舗装の道、登山やハイキングのコース
▶ **bug** 虫（昆虫のほか、クモやムカデなども含む）

㉔余暇

明日、雨が降らなければ山歩きに行く。
We'll go for a hike in the hills tomorrow if it doesn't rain.

野外で過ごしたい欲求にかられている。
I'm craving some time outside.

自然の中では、生きてるって感じがする。
I feel alive in nature.

この山は日本の百名山に選ばれている。
This mountain is named as one of Japan's 100 greatest mountains.

頂上までどれくらい？
How far is it to the top?

展望台で休憩にするよ。
We'll take a rest at the lookout.

既に足が疲れた。
My legs are already tired.

すごく喉が渇いた。
I'm so thirsty.

ハイキングコースを歩いていて滑った。
He was hiking on the trail and slipped.

すごい眺め。
The view is great.

このために時間を作ってよかった。
I'm glad I made time for this.

うわ、虫がいる！
Oh, no! There's a bug!

虫よけスプレー持ってる？
Do you have <u>bug spray</u>?

殺虫剤
bug killer

車に忘れてきたみたい。
I think I left it in the car.

07 街歩き

- ▸ **stroll around** 歩き回る、付近を散策する
- ▸ **knickknack** 小物、雑貨（飾りになるものが多い）
- ▸ **addiction** 依存、中毒
- ▸ **material** 物質的な、物欲的な

私たちは一緒に街歩きした。
We strolled around the town together.

あの店に入りたい。
I want to go in that store.

うわ、この店いい。
Oh, I love this shop.

これ見て。何から何まで好き。
Look at this. I love every detail of it.

㉔余暇

こんなところにパン屋さんがあるなんて知らなかった。
I didn't know there was a bakery here.

全部すごくおいしそう。
Everything looks so good.

ここは絶対にまた来る。
I'll definitely come back here.

雑貨屋さん巡りが趣味。
I love knickknack store hopping.

ここにあるもの全部買いたい。
I want to buy everything here.

店ごと買いたい。
I want to buy the whole store.

私、買い物中毒かも？
I may have a shopping addiction.

私の物欲は留まるところを知らない。
My material desires know no limits.

ミニマリストには絶対なれない。
I can never be a minimalist.

スタバの新しい季節限定ドリンクを飲んでみたい。
I want to try Starbucks' new seasonal drink.

私たちはカフェを次々はしごした。
We hopped from one coffee shop to the next.

連れて行きたいところがあるんだ。
There is a place I want to take you to.

おいしいパンケーキの店、知ってるよ。
I know a good pancake place.

古着屋にふらっと入った。
We dropped in at a secondhand clothing store.

私の好きなものが詰まった一日だった。
I spent a day full of my favorite things.

08 ゲーム

▶ **mash** （ゲームコントローラーのボタンなどを）連打、乱打する
▶ **DLC** 有料ダウンロードコンテンツ（= **downloadable contents**）
▶ **enable** 〜を可能にする、できるようにする
▶ **multiplayer** （ゲームの）多人数が同時に参加して遊べるモードまたはプレイ
▶ **walkthrough** 通り抜け通路、（ゲームの）完全攻略やガイド

やりたいゲームはたくさん。時間が足りない。
Too many games to play, not enough time.

対戦ゲームが好きだ。
I like PvP games.

PvP = player versus player

君には負けないぞ。
I'll beat you.

ボタンを連打！
Mash the button!

あの人気シリーズからまた一つ、おもしろいゲームが出た。
Now they have another fun game from the popular series.

新しいキャラクターが何人か追加された。
Some new characters have been added.

多くのストーリー展開があるゲームだ。
The game has many storylines.

ゲームのリリース前に体験版をやってみた。
I tried out a demo before the game's release.

進行した分は製品版に引き継げる。
I can carry my progress to the full game.

自分のアカウントで任天堂の eShop を開いた。
I opened Nintendo eShop with my account.

ゲームを事前ダウンロードしておくぞ。
I'll pre-download the game.

そうすれば発売の瞬間にプレイ開始できる。
Then I can start playing it at the timing of its release.

この拡張版をプレイするには元のゲームが必要だ。
The base game is required to play this expansion.

DLC で出ているキャラクター用のコスチュームを買った。
I bought some ingame costumes offered as DLC.

子供たちがマルチプレイできる設定にしたい。
I want to enable multiplayer for my children.

あなたのキャラクターがどんなのか見せて。
Show me what your character looks like.

自分のアバターを作るのに1時間かかっちゃった。
I spent an hour creating my own avatar.

そのゲームでは複雑なキャラメイクができる。
The game has a complex character creator.

コントローラーが正しく作動しない。
My controller isn't working.

なんでゲーム音がしないの？
How come I have no game sound?

そのゲームの攻略本を買うべきか。
Should I get the game's walkthrough manual?

YouTube で攻略法を知った。
I got some walkthrough tips on YouTube.

㉔余暇

ステージクリアした。
I've cleared the <u>stage</u>.

ゲーム／レベル
game / level

長い時間を投じたゲームを遂にやり終えた。
I finally <u>finished</u> the game I put a lot of time into.

クリアした
cleared

出かける気になれなくて退屈してるなら、このゲームをどうぞ。
If you don't feel like going out and are bored, this game is for you.

おもしろくて、現実世界からのちょっとした逃避です。
It's fun and a bit of an escape from the real world.

09 ゲームセンター

Track 176

▶ **claw** かぎ爪、昆虫の爪、エビ・カニのはさみ
▶ **arcade** ゲームセンター、屋根がついた商店街
▶ **hang out** うろつく、ぶらつく、たまり場にする

何のゲームしたい？
What game do you want to play?

自分ではプレイしない。
I don't play games myself.

うまい人のプレイを見るのは好き。
I like to watch high level play.

これ、クレーンゲームでゲットしたんだ。
I won this at a claw machine.

クレーンゲームでプライズを取るにはコツがあるんだよ。
There are some tips to win at a claw machine.

ガチャガチャの中身って、すごく変なのあるよね。
Some capsule toys are so weird.

ガチャガチャがあるとチェックせずにはいられない。
I can't help checking those capsule toy machines.

ゲームセンターでレーシングゲームをした。
I played a <u>racing</u> game at the arcade.

格闘
fighting

友だちとリズムゲームをするのはすごく楽しかった。
It was so much fun to play some rhythm games with friends.

前はよくゲームセンターでぶらぶらしてた。
We used to hang out in arcades.

ゲームセンターのレトロゲーム黄金期が懐かしいよ。
I miss the golden age of retro arcade games.

10 コスプレ

Track 177

▸ make a mark on ... 〜に跡を付ける、印をつける
▸ hold oneself as ... 〜として振る舞う

このキャラのコスプレしたい。
I want to cosplay as this character.

㉔余暇

コスプレするのって大変なんだよ。
Cosplaying is a lot of work.

誰のコスプレしてるんですか？
Who are you cosplaying as?

衣装は自分ひとりで作ったんですか？
Did you make the costume by yourself?

僕のお気に入りのコスプレイヤーはこの子。
My favorite cosplayer is this girl.

幸運にも撮影会で初対面することができた。
**I was lucky enough to <u>meet</u> her
at a photo session.**

見る、再会する
see

僕に言わせれば、コスプレじゃ彼女が世界一かも。
**In my opinion, she might be the world's best
at cosplay.**

今のところ彼が一番。
He's the best so far.

彼が私の心に残った。
He made a mark on my heart.

彼はキャラを100パーセント正確に再現してる。
He gets the character 100% correct.

キャラクターになりきってる。
He holds himself like the character.

11 インテリア

- ▸ **decorate** 〜を飾る、〜に装飾を施す
- ▸ **coffee table** カップや本などを載せる低いテーブル
- ▸ **thrift shop** リサイクルショップ（「リサイクルショップ」は和製英語）
- ▸ **stuffed** 詰め物をした、ぬいぐるみの

インテリアをデザインしたり、飾ったりするのが大好き。
I love doing interior design and decorating.

北欧デザインは絶対に古くならない。
Nordic design never goes out of style.

お気に入りの物に囲まれていないとダメ。
I need to be surrounded by the things I like.

このキッチンが、家の中で私が一番好きな場所。
This kitchen is my favorite spot in the house.

僕のカウチはめちゃくちゃ居心地がいい。
My couch is super comfy.　　comfy = comfortable

㉔余暇

この古いコーヒーテーブルはリサイクルショップで買った。
I bought this vintage coffee table at a thrift shop.

寝室にこの飾りをつけたら素敵かも。
It may be nice to hang this ornament on my bedroom wall.

新年の前にクリスマスの飾りを片づけないと。
I have to take down all of the Christmas décor before the New Year.

これはもうずっとここに置いてある。
This thing has been sitting here forever.

これはここに合わないって分かってる。
I know this doesn't belong here.

この犬のぬいぐるみはもう何年も持っている。
I've had this stuffed dog for many years.

何度も一緒に引っ越しをしていて、すごく気に入ってる。
It has moved with me many times. I absolutely love it.

インテリアのヒントが欲しくて、たくさんのインスタを見た。
I checked many Instagram posts for interior design tips.

いろいろと参考になった。
They've given me ideas.

12 模様替え・リノベーション *Track 179* 🎧

- ▸ **bulky** 大きな、かさばる
- ▸ **aesthetic** 芸術的な美に関する、審美眼のある
- ▸ **moldy** カビの生えた、カビくさい
- ▸ **renovate/renovation** 改築する／改築

心機一転、部屋の模様替えをしたい。
I want to rearrange my room for a fresh start.

リビングの模様替えをしてもいいか、夫に聞いた。

I asked my husband if it was OK to redecorate our living room.

大きな家具を動かすのに助けが要る。

I need a helping hand to move bulky furniture.

最初にすることは、余計なものの片づけ。

The first step is to declutter the space.

ロボット掃除機を買おうよ。

Let's get a robot vacuum.

妻が無断で僕の物を捨てた。

My wife threw away my stuff without consulting me.

古い我が家を改築するのにどれくらいの時間とお金がかかるだろう。

I wonder how long and how much it would be to renovate my old house.

我が家を大々的に改造する際、インテリアデザイナーにお願いした。

We hired an interior designer for our home's makeover.

彼女は良いセンス、美的感覚、イマジネーションを持っている。

She has good taste, aesthetic sense, and imagination.

㉔余暇

壁紙を新しくするべきかも。

Maybe I should renew the wallpaper.

あなたの家は築何年ですか？

How old is your house?

築35年です。
It's 35 years old.

すきま風が入って来るのを感じる。
I can feel a draft coming in.

少しカビくさい。
It smells a little moldy.

天井から水が漏れている。
There is a leak in the ceiling.

家のセルフリフォームを計画中。
I'm planning home renovations on my own.

自分でできることは自分でやりたい。
I want to do things that I can do myself.

DIY のスキルはまるでない。
I have no DIY skills.

水回りはプロにおまかせ。
I'll leave the wet areas to the professionals.

リフォームしたばかりの洗面所がお気に入り。
I love the newly renovated lavatory.

私の家は私の城。
My house is my castle.

25

トラブル

Misery loves company.（不幸は道連れをほしがる、他人の不幸は慰めになる）と言いますが、トラブルは、人の話題に上りやすいもの。間違って伝わると、面倒なことになりやすいので注意して。万が一、自分が当事者になってしまったときのためにも、覚えておいて損はありません。

01 保険

- ▸ **insured** 保険に入っている
- ▸ **insurance policy** 保険契約（証書）
- ▸ **no-claim discount/bonus** 無事故割引／祝金
- ▸ **nonrefundable** 払い戻し不能の、掛け捨ての
- ▸ **beneficiary** 保険金などの受取人
- ▸ **death/sickness/injury benefit** 死亡／疾病／傷害保険金

私はしっかり保険に入っている。
I'm well-insured.

まさか保険に入っていないなんて言わないよね。
Don't tell me you're not covered. covered=insured

シドニーへ行くので旅行保険に入った。
I bought a traveler's policy for the trip to Sydney.

ABC 保険会社の生命保険に入っている。
I have a life insurance policy with ABC Insurance.

交通事故の保険給付申請をしたいのですが。
I'd like to make a claim for a traffic accident.

これで僕の無事故割引はなくなるの？
Do I lose my no-claim discount?

掛け捨ての保険です。
It's a nonrefundable insurance policy.

私の火災保険は、地震の損害は補償しないの。
My fire insurance policy doesn't cover damage caused by earthquakes.

夫を5000万円の保険に入れてある。
My husband is insured for 50,000,000 yen.

私が、保険金の受取人。
I'm the beneficiary of the policy.

夫の死後まもなく、彼女は死亡保険金を受け取った。
She received the death benefit shortly after her husband's death.

★保険のいろいろ

medical life insurance　医療保障保険　**auto insurance**　自動車保険
cancer insurance　がん保険　**disaster insurance**　災害保険
earthquake insurance　地震保険
product-liability insurance　PL保険
unemployment insurance　失業保険
long-term care insurance　介護保険　**health insurance**　健康保険
national health insurance　国民健康保険

02　交通事故

Track 181

㉕トラブル

- ▸ **one-car accident**　自損事故
- ▸ **drunk driver**　飲酒運転者
- ▸ **hit-and-run**　ひき逃げ
- ▸ **make it**　生き延びる、切り抜ける
- ▸ **aftereffect**　後遺症

交通事故を起こしてしまった。
I've had a car accident.

幸いなことに、自損事故だった。
Fortunately, that was a one-car accident.

飲酒運転の車にひかれた。
She was run down by a drunk driver.

保険に入ってない車にはねられた。
I was hit by an uninsured car.

ブレーキとアクセルを間違えた。
He confused the brake and gas pedal.

運転者はコントロールを失った。
The driver lost control of the car.

車が歩行者の列に突っ込んだ。
The car crashed into pedestrians.

ひき逃げだった。
It was a hit-and-run.

車はグシャグシャになった。
The car was wrecked.

けが人を見たよ。ひどい光景だった。
I saw the injured. It was a horrible sight.

あの女の人は助からないと思った。
I thought that woman wouldn't make it.

息子はバイク事故で亡くなった。
My son died in a motorcycle accident.

あそこの交差点は自動車事故がすごく多い。
There are so many car accidents at that intersection.

5年前の事故の後遺症に苦しんでいる。
She suffers from the aftereffect of the accident she had five years ago.

★ambulance chaser
交通事故を探して商売の種にする弁護士のこと。犠牲者に加害者を糾弾させて儲ける。「救急車の追っかけ」が直訳で、三流弁護士のイメージ。

03 火事

Track 182

> ▶ **suffocated to death** 窒息死する
> ▶ **firetrap** 火災時に危険な建物、火災を誘発する燃えやすいもの
> ▶ **fire alarm** 火災報知器
> ▶ **false alarm** 誤報

火事だ！　消防署に電話して。
Fire! Call 911.

火事が起きた。
A fire broke out.

家の近くで火事があった。
There was a fire near my house.

煙と炎がものすごかった。
The smoke and flames were furious.

㉕トラブル

野次馬でごった返していた。
The site was full of people who came to see the fire.

離れてろ。
Stay out.

煙が目にしみる。
Smoke got in my eyes.

放火の疑いがある。
Arson is suspected.

原因はタバコだった。
It was caused by <u>smoking</u>.

調理／ガス漏れ
cooking / gas leakage

女の子がまだ家の中に取り残されている。
A girl is still trapped inside the house.

調理油に引火した。
<u>The cooking oil</u> caught fire.

彼女の袖
her sleeve

被害者のほとんどが煙で窒息死した。
Most of the victims were suffocated to death.

危険と隣り合わせの消防士には頭が下がる。
I appreciate the risks the firefighters take.

あのビルは火事になったら危険だ。
That building is a firetrap.

誰かが火災報知器を鳴らした。
Somebody set off the fire alarm.

誤報だった。
That was a false alarm.

消火器は一家に一台備えるべし。
Every home should have a fire extinguisher.

04 泥棒

Track 183

- ▸ **break into** 押し入る、不法侵入する
- ▸ **pick-pocket** スリ
- ▸ **shoplifting** 万引き
- ▸ **purse snatcher** ひったくり

泥棒！
Thief!

泥棒に入られた。
Someone broke into my house.

泥棒は、僕らが留守にすると知っていたに違いない。
The thief must have known we would be away.

居間で泥棒と鉢合わせした。
He ran into the thief in the living room.

泥棒ともみ合いになった。
He got in a fight with the thief.

㉕トラブル

強盗は1ヵ月後に逮捕された。
The robber was caught by the police a month later.

自転車を盗まれた。
I had my bike stolen.

あいつはスリだ。
He is a pick-pocket.

ベンチで目覚めたら、財布がなくなってた。
I woke up on the bench and found my wallet was gone.

奴らは集団でやってるんだ。
They work in a group.

女子学生が漫画を万引きして捕まった。
A schoolgirl was caught for shoplifting comic books.

ひったくりに注意。
Beware of <u>purse snatchers</u>.

空き巣
cat burglars

各自の個人情報の取り扱いは、いくら用心してもやり過ぎることはない。
You can't be too careful in handling your personal information.

なんで私のことをそこまで知ってるのかしら？　気持ち悪いわ。
How did they know about all the stuff about me? It's creepy.

ストーカーに狙われてるみたい。
I think I'm being stalked.

26

病気

できれば、いつも健康でいたい。病気や怪我にまつわる表現は、
使う日が来なければいいけれど、いざというときにはどうして
も必要です。自分のこと、誰かのことを守れるように、必要最
低限のことは言えるようにしておきたいもの。いつでも優しい
気遣いをお忘れなく。

01 病状を訴える

- ▸ **pain/ache** 痛み
- ▸ **headache/backache/stomachache** 頭痛／腰痛／腹痛
- ▸ **I have a …** 〜の症状がある
- ▸ **chills** 寒気
- ▸ **feel sick** 気分が悪い
- ▸ **constipated** 便秘になった

痛い。
It hurts.

鋭い痛みです。
It's a <u>sharp</u> pain.

鈍い
dull

次の日になっても、まだ痛かった。
The next day the ache still continued.

何度も頭痛がぶり返す。
Headaches keep coming.

ひどい頭痛がします。
I have a bad headache.

ひどい腰痛です。
I have a terrible backache.

首がこっています。
My neck is feeling stiff.

肩がこっています。
I have stiff shoulders.

鼻がつまっています。
I have a <u>stuffy nose</u>.

鼻水が出る
runny nose

めまいがします。
I feel dizzy.

微熱があり、寒気がします。
I have a slight fever and chills.

喉の調子がおかしいです。
My throat doesn't feel good.

喉が痛いです。
I have a sore throat.

お腹が痛いです。
I have a stomachache.

お腹が気持ち悪いんです。
I feel sick to my stomach.

吐き気がします。
I feel nauseous.

吐きそうです。
I feel like throwing up.

下痢をしています。
I have diarrhea.

便秘です。
I'm constipated.

02 体調不良

- ▸ **dull**　だるい
- ▸ **feel weak/tired**　元気が出ない／疲れている
- ▸ **in good shape**　調子が良い
- ▸ **stay in bed**　ベッドで寝ている
- ▸ **call in sick**　病欠の電話を入れる
- ▸ **take sick leave**　病欠する
- ▸ **dehydration**　脱水症状

だるい。
I feel dull.

元気が出ない。
I feel weak.

体調が悪い。
I'm not in good shape.

朝起きると、既に疲れてる。
I wake up in the morning and feel already tired.

ここ2日ほど調子が悪い。
I haven't been feeling well for about two days.

汗びっしょりで目が覚めた。
I woke up in a sweat.

食欲があまりない。
I have a poor appetite.

横にならないと。
I need to lie down.

寝てなくちゃだめよ。
You have to stay in bed.

病欠の電話を入れるよ。
I'll call in sick.

どんな仕事でも、病欠はほとんどしたことがないんだ。
I have almost never taken sick leave from any job.

食中毒になったと思う。
インフルエンザ／水疱瘡／はしか
I think I got food poisoning. flu / chicken pox / measle

昨日食べた牡蠣かもしれない。
It could have been the oysters I ate last night.

脱水症状を起こさないように、水をたくさん飲んでね。
Drink a lot of water to avoid dehydration.

今はだいぶ良くなったよ。
I feel much better now.

㉖
病気

食欲が戻ってきた。
My appetite is coming back.

医者に診てもらうべきよ。
You should go see a doctor.

03 医師から

Track 186

▸ **give ... a shot** 注射をする
▸ **put ... on a (n) (intravenous) drip** 点滴をする
▸ **take an X-ray** レントゲンをとる
▸ **urine test** 尿検査
▸ **symptom** 症状

どうなさいましたか？
What seems to be the problem?

見てみましょうね。
Let's take a look.

それはいつからですか？
When did it start?

どんなふうに痛いですか？
Can you describe the pain?

こうすると痛いですか？
Does this hurt?

熱を測ってみましょう。
Let's take your temperature.

血圧
blood pressure

注射を打ちますね。
I'll give you a shot.

点滴しますね。
I'll put you on an intravenous drip.

妊娠の可能性はないですか？
Is there any chance that you're pregnant?

手術が必要かもしれません。
You might need an operation.

お薬にアレルギーはありますか？
Are you allergic to any medication?

血液を調べますね。
I'll examine your blood.

念のためレントゲンを撮るように。
Take an X-ray just in case.

2階で尿検査を受けてください。
Take a urine test on the second floor.

3日もすれば症状は消えます。
Wait three days for the symptoms to disappear.

㉖病気

04 風邪

▸ catch（a）cold / have a cold　風邪をひく／風邪をひいている
▸ flu（influenza）　インフルエンザ
▸ get rest　休む
▸ gargle　うがいする
▸ sneeze　くしゃみをする
▸ cough　咳をする

風邪をひいた。
I caught a cold.

風邪をひいている。
I have a cold.

夫のインフルエンザがうつった。
I caught the flu from my husband.

一晩中エアコンをつけておくんじゃなかった。
I shouldn't have left the air-conditioner on all night.

寒くて目が覚めたよ。また君が布団を取ったんだ。
I woke up being cold. You stole the cover again.

かかるときにはかかるんですよ。
When you get it you get it.

少し休んで。
Get some rest.

たくさん水を飲んで、ビタミンCを摂るように。
Drink a lot of water and take vitamin C.

熱いレモネードが、汗をかいて熱を追い出すのにいいよ。
Hot lemonade helps sweat out the fever.

あたたかい塩水でうがいしてみて。
Try gargling with warm salt water.

くしゃみや咳をするときは、鼻と口を押さえるように。
Cover your mouth and nose when you sneeze or cough.

私にチキンスープを作ってくれる優しい人はいませんか。
Is anyone kind enough to cook me some chicken soup?

1日りんご1個で医者いらず。（諺）
An apple a day keeps the doctor away.

05 アレルギー

Track 188

- **allergic to ...** ～にアレルギーがある
- **get bad** 悪化する
- **scratch** 掻く
- **itchy** かゆい

㉖病気

アレルギーがあります。
I have an allergy.

うちの息子はアトピーでね。
My son has atopy.

私は小麦にアレルギーがあります。
I'm allergic to <u>wheat</u>.

牛乳／ピーナッツ／海老
milk / peanut / shrimp

またアレルギーが出てきた。
My allergies are acting up again.

最近、アレルギーがすごくひどくなっちゃった。
My allergies got so bad lately.

掻いちゃだめ。傷が残るよ。
Don't scratch. It will leave a scar.

我慢できない。かゆすぎる。
I can't stand it. It's too itchy.

お腹に発疹が出ています。
I have a rash on my stomach.

体中に赤いブツブツと水ぶくれが出ています。
I am covered with many red spots and blisters.

成長につれてアレルギーが治る子供もいる。
Some children outgrow an allergy.

薬は効き目があるようだけど、必ずぶり返す。
The medicine seems to help, but it always comes back.

すべて試したけど、症状が治まらない。
I tried everything, but I can't stop the symptoms.

06 花粉症

- **hay fever** 花粉症
- **pollen** 花粉
- **have a runny nose** 鼻水が出る
- **watery eyes** 涙目
- **dust mask** マスク

花粉症なの？　君は1人じゃないよ。
Do you have hay fever? You are not alone.

ああ、今年もまたその時期だ。
Oh, it's that time of the year again.

花粉症は、花粉へのアレルギーにつけられた名前だ。
Hay fever is a name given to pollen allergy.

鼻水が出て、くしゃみが止まりません。
I have a runny nose and keep sneezing.

涙目でかゆいです。
My eyes are watery and itchy.

喉が痛がゆいです。
I have a sore scratchy throat.

頭がぼーっとしています。
I have a dazed feeling in my head.

ただの風邪かと思ったのに。
I thought it was just a cold.

アレルギーの薬を飲んでいます。
I'm taking allergy pills.

眠くなっちゃうんだよね。
It makes me drowsy.

洗濯物を外に干せない。
I can't hang laundry outside.

マスクなしで外に出られません。
I can't go out without a face mask.

軽い花粉症なら、市販の薬で治まるかもしれないよ。
You may be able to treat mild hay fever with over-the-counter medications.

07 歯

Track 190 🎧

- sweet tooth　甘党
- cavity　虫歯
- wisdom tooth　親知らず
- denture　入れ歯
- anesthetic　麻酔
- come loose　ゆるむ

甘いものが好きだ。
I have a sweet tooth.

歯が痛い。
I have a toothache.

虫歯がある。
I have a cavity.

親知らずを抜いた。
I had my wisdom tooth pulled.

定期的に歯医者に行ったほうがいいのは分かってるんだけど。
I know I should visit a dentist regularly.

歯医者に予約を入れた。
I made an appointment with the dentist.

歯を掃除してもらった。
I got my teeth cleaned.

祖父は入れ歯をしている。
My grandfather has dentures.

歯医者は麻酔の注射を打った。
The dentist gave me a shot of an anesthetic.

あのドリルの音には、震えがくるね。
The sound of the drill gives me shivers.

歯医者は歯を削って、穴に詰め物を入れた。
The dentist drilled the tooth and put a filling in the hole.

歯医者はクラウンをかぶせたが、ゆるくなった。
The dentist put the crown on the tooth but it came loose.

歯を一本インプラントにした。
I got a dental implant.

08 目

▸ **near-sighted/far-sighted**　近眼の／遠視（老眼）の
▸ **eye drops**　目薬

近眼だ。
I'm near-sighted.

彼は目がいい。
He has <u>good</u> eyesight.

悪い
poor

彼女の視界はぼやけている。
She has blurred vision.

視力が衰えつつある。
My eyesight is failing.

視力検査を受けた。
I had my sight tested.

私の視力は前ほど良くない。
My eyes are not as good as they once were.

彼は失明した。
He's lost his vision.

彼は盲目だ。
He is blind.

* visually impaired= 視
覚障害がある（場合によ
り blind より好まれる）

右目にものもらいができた。
I got a sty on my right eye.

私は目薬をさすのが本当に下手なの。
I'm so bad at putting eye drops in the eyes.

ブルーベリーで目が良くなるって言うわよ。
They say blueberries improve your vision.

レーシック手術を受けた。
I got Lasik eye surgery.

09 眼鏡・コンタクトレンズ

Track 192

- ▶ （reading）glasses （老）眼鏡
- ▶ contact lenses コンタクトレンズ
- ▶ sterilize 煮沸消毒する
- ▶ on a regular basis 定期的に

㉖
病
気

いつもは眼鏡をしています。
I usually wear glasses.

老眼鏡が必要になった。
I started to need reading glasses.

私は使い捨てコンタクトレンズを使っています。
I use disposable contact lenses.

寝る前にコンタクトレンズを外してね。
Take out your contact lenses before you go to sleep.

コンタクトをしたまま眠ってしまった。
I slept in my contact lenses.

定期的にレンズを煮沸消毒しないといけない。
I have to sterilize the lenses on a regular basis.

目をこすっちゃ駄目よ。
Don't rub your eyes.

コンタクト保存液が切れちゃった。
I've run out of contact lens solution.

コンタクトは便利だけど、ケア用品が高くて。
Contacts are convenient, but care products are not cheap.

最近、眼鏡からコンタクトレンズに変えたの。
I recently switched to contact lenses over my glasses.

10 骨折・ねんざ

- ‣ sprain　ねんざする、ひねる
- ‣ cast　ギプス
- ‣ rehab（rehabilitation）リハビリテーション
- ‣ crutches　松葉杖
- ‣ wheelchair　車椅子

階段でつまずいて足首をねんざした。
I sprained my ankle when I tripped on the stairs.

突き指を氷で冷やした。
I cooled the sprained finger with ice.

腕を骨折した。
I have a broken arm.

医者が、私の腕にギプスをして、布で吊ってくれた。
The doctor set my arm in a cast and a sling.

この姿を彼女に見られたくない。
I don't want her to see me like this.

ギプスの中が猛烈にかゆい。
I have a terrible itch inside the cast.

リハビリ頑張ってるよ。
I've been working hard on rehab.

㉖病気

すごくイライラするよ。
It's so frustrating.

ついに左手のギプスが取れた。
I finally took off the cast on my left arm.

これから数週間、松葉杖で歩かなくちゃならない。
I have to walk on crutches for the next few weeks.

彼は、車椅子で動き回っている。
He gets around in his wheelchair.

11 その他の怪我

Track 194

- ▸ **buttocks（butt）** お尻
- ▸ **small/deep cut** 小さな／深い傷
- ▸ **burn** 火傷する
- ▸ **hangnails** ささくれ
- ▸ **canker sore** 口内炎
- ▸ **have a bloody nose** 鼻血が出る
- ▸ **have a black eye** 目の周りが黒くアザになっている

転んじゃった。
I've fallen to the ground.

尻もちをついた。
I fell on my buttocks.

膝をすりむいた。
I got a <u>scrape</u> on my knee.

小さな傷／深い傷
small cut / deep cut

それ、どこでやったの？
Where did you get that?

絆創膏ある？
Do you have a bandage?

薬を塗る前に、傷を洗うのよ。
You have to clean the cut before putting on some medicine.

髭を剃っていて、ちょっと切った。
I got a small cut from shaving.

傷がとても深くて、骨まで見えた。
The cut was so deep that I could see the bone.

救急車を呼びましょうか？
Should I call an ambulance?

ものすごく痛そう。
That looks so painful.

熱いスープで舌をやけどした。
The hot soup burned my tongue.

ごつん！　僕は鴨居に頭をぶつけた。
Bang! I hit my head on the top of the door frame.

凍った道を渡っていて滑った。
I slipped when I was crossing the icy road.

㉖病気

爪を噛んで深爪しちゃった。
I bit my nails to the skin.

ささくれができないように、手を保湿してる。
I keep my hands well moisturized to avoid hangnails.

ビタミン B の錠剤が口内炎に効いたよ。
Vitamin B tablets worked for my canker sore.

鼻血が出てるのね。
You have a bloody nose.

目の周りが黒くアザになってるわ。こんなことしたのは誰？
You have a black eye. Who did this to you?

奥さんに電話して、迎えに来てもらうわね。
I'll call your wife and tell her to come and get you.

12 重病

- **lump** しこり
- **diagnosed with ...** ～と診断される
- **early/advanced stage** 初期／末期の
- **radiation therapy** 放射線治療
- **chemotherapy** 化学療法
- **tumor** 腫瘍
- **be hospitalized** 入院する
- **cancerous cell** ガン細胞

お腹にしこりを見つけた。
I found a lump in my belly.

彼女は心臓発作を起こした。
She had a <u>heart attack</u>.

発作・脳梗塞
stroke

初期の肺ガンと診断された。
I was diagnosed with early stage lung cancer.

末期の　　乳／大腸／胃／皮膚
advanced　breast/colon/stomach/skin

家族は大変なショックを受けていた。
The families were really shocked.

僕らは彼にガンの告知をすべきだったのか、いまだに分からない。
I still don't know if we should have told him about his cancer.

検査を受けて、HIV 陰性だと分かった。
I took a test and it proved negative for HIV.

陽性
positive

3つも続けて検査を受けるなんて、それで病気になっちゃうね。
Three medical tests in a row do make me sick.

薬を1年間、飲み続けた。
I was on medication for a year.

幸いなことに、他の臓器には転移していなかった。
Fortunately, it hasn't spread to other organs.

放射線治療は腫瘍を小さくします。
Radiation therapy will help shrink your tumor.

彼女はもうすぐ化学療法を始める。
She will start chemotherapy soon.

㉖病気

考えられる一時的な副作用は、疲労感、吐き気、下痢などです。
Possible temporary side effects include fatigue, nausea, or diarrhea.

抗癌剤の副作用で、髪がほとんど抜け落ちた。
I lost most of my hair due to a side-effect of an anticancer drug.

彼女は来週ちょっとした手術を受ける予定だ。
She has a <u>minor</u> operation scheduled next week.

大きな
major

彼は2ヵ月間、入院の予定だ。
He is expected to be hospitalized for two months.

X線検査を受け、半年間でガン細胞が消えたことが分かって驚いた。
I was surprised to discover in an X-ray examination that the cancerous cells had disappeared in half a year.

手術前、医師たちは、できるだけ大部分の腫瘍を取り除くと言っていた。
Before the surgery, doctors said they would remove as much of the tumor as possible.

彼は脳腫瘍の手術から回復しつつある。
He is recovering after the surgery for a brain tumor.

13 パンデミック

Track 196

- ▶ **vaccinated** ワクチン（予防）接種を受けている、接種済みの
- ▶ **side effect** 副作用、副反応、（通例好ましくない）副次的影響
- ▶ **contagious disease** 伝染病
- ▶ **sanitizing** 消毒すること
- ▶ **test positive/negative for ...** ～の検査で陽性／陰性と出る
- ▶ **asymptomatic** 無症状の
- ▶ **self-isolation** 自主隔離
- ▶ **declare** ～を宣言する、布告する

ワクチン接種しました。
I got vaccinated.

私はワクチンを3回接種済みです。
I had the vaccine three times.

どんなワクチンを接種したの？
What kind of vaccine did you have?

何かワクチンの副反応がありましたか？
Did you have any side effects from the vaccination?

ワクチンってどれくらいの期間、効果があるの？
How long are the vaccines effective?

ソーシャルディスタンスを保つことで、その病気の拡大を防げる。
Social distancing can slow the spread of the disease.

距離を保ってください。
Please keep your distance.

65歳以上の人は、その伝染病に対するワクチンを優先的に接種できる。
Persons age 65 or older have priority over vaccination against the contagious disease.

手洗いと消毒で肌が乾燥してる。
My skin is dry with hand washing and sanitizing.

彼はコロナ陽性だったけど、無症状だ。
He tested positive for COVID, but he is asymptomatic.

彼女の2週間の自主隔離期間がようやく終わった。
Her two-week self-isolation period is finally over.

㉖病気

緊急事態宣言が先月発令されて、まだ解除されない。
A state of emergency was declared last month, and continues into effect.

あの街はロックダウン中だ。
The city is under lockdown.

あのパンデミックは日本経済に甚大な影響を残した。
The pandemic has a huge impact on the Japanese economy.

こちらはパンデミックの影響はあまりないね。
There isn't much impact of the pandemic here.

パンデミックは収まりつつある。
The pandemic is dying down.

日常が戻ってきた。
Life has returned to normal.

おわりに

　日常生活のあらゆるシーンを網羅した約3500フレーズ、お楽しみいただけましたでしょうか。

　初版から15年を経てリニューアルにあたり、FAX、パソコン操作、銀行窓口での会話などを減らした一方、オンラインの会議やショッピング、フリマやマッチングなどのアプリ、SNSなど時代に合わせ、多くのフレーズを加筆するのは、とても楽しい作業でした。（23章の「推し」なんて特に！）

　皆さんには、おそらく「こんなの一生使わないよ」というフレーズも数々あったと思います。

　でも、いつか使うときが来るかもしれないし、ひょっとしたら、誰かが使っている場面に出くわすかもしれません。

　自分が使う言葉でも、使わない言葉でも、知っていればそれだけで、あなたの英語は豊かになります。

　たとえすぐには覚えられなくても、記憶の片隅にきっと引っかかっていて、どこかで再び同じ言い回しに遭遇したときに「あ、これ聞いたことある」「そういえば、そう言うんだった」と感じたりします。その積み重ねが、自分の表現を増やしていくことになるのです。だから、焦らなくても大丈夫。

　ところで、よく聞かれる質問に、こんなものがあります。

　"英語を聞いていれば、ある日突然話せるようになる"って本当ですか？

　これはちょっとあり得ないと、私は思います。

　既に大人になってしまった私たちには、ランダムに聞こえてくる英語から法則を読み取って、自らフレーズを作れるようになるという幼児のような芸当は、まずできません。しかも、"ある日突然"だなんて。

　人は誰もが"耳から（音声）の学習"と"目から（視覚、文字）の学習"、どちらが得意か偏りがあるものですが、"超極端な耳から派"でない限り、耳だけに頼るのは遠回りになります。

大人の私たちにとって、ある程度の法則（文法）を理解して、そのうえでたくさんの英語に触れることが、上達の早道です。

　そんなとき、ネイティブ音声付きの学習書を賢く利用しましょう。シーンごとにたくさんの英文を、目で読んで、耳で聞いて、頭の中で、または実際に声に出して、体で覚えることができる格好の教材なのです。

　忙しいときには聞くだけでも、英語に慣れ親しんでいきます。余裕のあるときは、英文を目で追いながら、少しは名詞（主語）や動詞（述語）など、文の構造も意識してみると、小さな発見があるはずです。

　そうやって意識しながら音を聞けば、強調すべきところ、伝えたい部分が、より明確になるでしょう。すると、音に気持ちを乗せやすくなります。単語を入れ替えて、自分らしい表現もできるようになります。通じる英語、伝わる英語に、ぐっと近づくのです。

　興味が広がったら、ぜひ文法の勉強もしてみることをお勧めします。意外とおもしろいですよ。

　今回のリニューアルによって、掲載フレーズを実際に使って楽しい、嬉しい体験をされる方がさらに増えたら、著者として幸せです。旅行番組で俳優さんが旧版を片手に歩いていたり、ドラマのセットにも紛れ込んでいるのを発見したときは、実際に誰かの役に立っているのだと分かり、本当に嬉しい気持ちになりました。

　英語を通して、あなたにもぜひ多くの発見、喜び、幸せが訪れますようにと、心から願っています。

　Keep up the good work!（これからも頑張って！）

　　　　　　　　多岐川恵理
　　　　　　　　https://www.transmedia-solutions.co.jp
　　　　　　　　本書のご感想、お仕事の依頼などはこちらへどうぞ。

[著者]

多岐川恵理（たきがわ・えり）

岐阜市出身。上智短期大学英語科卒業後、「日本人の多い名門校で埋もれるのでなく、小規模な無名校でトップをとろう！」との決意を胸に米国の Plymouth State University に編入学、マーケティングを専攻。Cum Laude（成績優秀生）として卒業。貿易会社やライセンス商社勤務を経て、現在は「大人の英語学習を楽しく」をモットーにライター、翻訳者、講師として活動。

企業研修では、新入社員から管理職まで幅広く英語学習法、TOEIC、ビジネス英語を教える。TOEIC990 点。講座ではクラス平均 100 点 UP の実績あり。

著書

『もう迷わない！時制の使い方がわかる本』『もう迷わない！前置詞の使い方がわかる本』（明日香出版社）、『とっさに使える大人の中学英語 役立ちフレーズ 591』（講談社）など多数。

ブックデザイン　二ノ宮匡（ニクスインク）
本文組版　　　　株式会社デジタルプレス

決定版　英会話フレーズブック

2022 年　8 月 26 日　初版発行
2024 年　7 月 29 日　第11刷発行

著　　　者　　多岐川恵理
発　行　者　　石野栄一
発　行　所　　明日香出版社
　　　　　　　〒112-0005　東京都文京区水道 2-11-5
　　　　　　　電話　03-5395-7650（代表）
　　　　　　　https://www.asuka-g.co.jp

印刷・製本　　シナノ印刷株式会社

音声 DL 付き
365 日の日常英会話フレーズブック

長尾和夫、アンディ・バーガー

1月1日から12月31日まで365日の日常生活を通して、身近な英語表現を学べます。1日1ページずつ、「ダイアローグ」「今日のフレーズ」「Words&Phrases」を学習しながら、身近な話題、日常の出来事、季節のイベントなど、ネイティブがふだん使っている表現を身につけることができます。

本体価格 1900 円＋税　B6 並製　408 ページ
ISBN978-4-7569-2124-6　2020/12 発行

音声 DL 付き
朝起きてから夜寝るまでの日常生活英会話

長尾和夫、アンディ・バーガー

朝から夜まで一日の生活（家庭、学校、オフィス、街など）、1週間（平日、休日）など、様々なシーンで使われる会話集です。身近なダイアローグ、関連表現、類似表現、イディオムなども学べます。英語力向上のためのリスニング教材としてもおすすめです。

本体価格 1800 円＋税　B6 並製　264 ページ
ISBN978-4-7569-2167-3　2021/8 発行